# 会計リテラシーで見えないお金が見えてくる

税理士法人 優和 理事長
公認会計士・税理士
渡辺 俊之

SOGO HOREI PUBLISHING CO., LTD

# はじめに

## ・複式簿記的世界観の重要性

この度、私の想いを綴ってきた随筆を一つの形にまとめる機会に恵まれました。税務・会計および監査に携わる優秀な人材の輩出を願って、業界団体等あちこちに機会があればいろいろな視点でコラムや意見を書き綴ってきました。そして、それら既出の原稿をまとめたものが、日本の三大随筆の一つである『徒然草』を真似た『徒然無き人生』という60歳のときの小冊子でした。

これがビジネスブログの編集者の目に留まり、3年近くにわたって、ウェブサイト上で徒然なるままに書き続けていたB-plus社の「徒然泣き！　人生　―職業会計人の〝軒昂奉仕〟―」というブログを基として、バラバラな随筆をテーマごとに編集した形で今回発表することとなりました。

従って、その時々のニュース等をベースに、さまざまな会計的視点を切り口として、散文的随筆風の内容になっていますが、根底は「会計の素晴らしさ＝複式簿記の素晴らしさ」

をわかってもらいたく、さまざまな事例を引き出しながら書き出しています。

また、その根底には、公会計にも複式簿記を導入する必要性をわかってもらいたいとの願いも込めているつもりでした。そしてその願いはそこそこ実現して今日に至っています。さらに願望として、複式簿記という複眼的視点というより、「要件事実的世界観」に対比されるというか付加されるべき「複式簿記的世界観」を身につけることこそ、実業の世界、経済の世界、政治の世界、報道の世界、学問の世界で生きていく上でのリテラシーの一つでありうべきとの思いも根底におきながら、随筆風に書いてきました。

会計の素晴らしさの理解から公認会計士、税理士といった職業会計人の世界に優秀な方々がどんどん参入してほしいとの願いと同時に、これらの資格を忍ばせながら、政治、経済、実業、報道等の世界でさらに活躍できるスキル、リテラシーの一つとして、この資格にチャレンジしてほしいとの願いも込めています。

これから出てくる出来事は、旧聞に属する事例かもしれませんし、会計基準も古くなってきている部分もありますが、筆者の意図を汲み取っていただき、そのつもりでお読みいただければと考えます。

## ・職業会計人の将来は？　―AIに代替されてしまうのか？―

ところで、公認会計士や税理士って、ＡＩ（人工知能）時代の深化とともに将来なくなってしまう職業じゃないの？　との疑問にお答えしましょう。

今後10年から20年程度で人間が行う仕事の約半分が機械に奪われる、そんな衝撃的な予測をしたのは、英オックスフォード大学でＡＩなどの研究を行うマイケル・Ａ・オズボーン准教授でした。それを受けて、マスコミ等が、あと10年から20年で「消える職業」「なくなる仕事」などの記事を連載し、その中に「税務申告書代行者」「簿記・会計・監査の事務員」などの職業が入っていました。しかし、私は全然そうは思っていません。

ＡＩ時代の到来とともに、公認会計士や税理士は消えていく職業に取り上げられているのですが、監査業務や税務業務の中身をご存じない方々からすると、業務の中の計算技術的部分についてのみに焦点を当てています。

まず、日本経済を横から支える重要なインフラである公認会計士による監査業務がなくなることは現制度上あり得ません。

そして業務遂行上、新規の取引に対する会計基準の適用といった、前例のない高度な判断が求められるケースは多発しています。これらの判断は職業会計人にしかできませんし、当然ＡＩには新しい事象への対応は無理です。

ＡＩを含むＩＴの進化は、公認会計士の仕事を奪うというよりは、自動化が進むことによって大量の証憑《しょうひょう》突合《とつごう》といった比較的単純な作業から公認会計士を解放するでしょう。さらに、判断の根拠となる情報について、ＡＩ等を活用して効率的に収集することを可能とすることによって、むしろ、高度な判断を要する公認会計士が注力すべき仕事を行うための時間を生み出せるのです。

税務における判断業務にしても、すべての法令、通達、不服審判事例、裁判事例等をＡＩに覚え込ませれば、ほとんど解決するかもしれません。しかし、私たち職業会計人の業務の大半は計算技術的なことよりもコンサルティング的機能の果たす役割が大半です。言葉を換えれば創造的業務です。そこには、人生経験やら、生き方の指針、ガイド的役割、ガバナンスのあり方等が多く、そこにこそ私たちの発揮するスキルがたまっているのです。公平な立場からの視点、立場、環境の異なる多角的視点からの判断等、さまざまな視点からのアドバイスが求められます。

**決して数値化できない人の心を相手にする職業でもあるのです。人とのコミュニケーションスキルが必要とされる職業でもあります。従ってAIが代替することは難しい職業とも言えます。**

YouTubeやGoogleで「公認会計士とＡＩの関係」（日本公認会計士協会手塚正彦常務理事）を検索し、そのショートビデオをぜひご覧ください（２８６ページＱＲコード１）。公認会計士業務がＡＩに代替されないことが、よーくわかりますよ。

**・複眼的視点からの取り組み**

さて、いまさらですが私の職業は公認会計士・税理士です。そして、さまざまな形で世の中に関わっています。

公認会計士・税理士で、私のようにたくさんの関わり方を自らが同時にしている人は案外少ないのかもしれません。ということは複眼的な視点発想、そしてマルチ感覚での捉え方を多少なりともできているのかもしれない、と勝手に解釈しています。

私の複眼的な視点について、４つに整理してみます。

まず1番目に、40年以上に及ぶ税理士としての、中小企業経営者側に立った視点。そして中小企業の間接金融の担い手である地域金融機関から見た中小企業への視点は、金融機関監査10年以上の経験の賜物です。税理士業務は、私の生活の基盤でもあります。

2番目に、公認会計士監査業務としての視点。会社法や地域金融機関、公益法人、学校法人等の監査、そして、ある地方公共団体の「包括外部監査人」としての責任者の立場からは、公会計への関心があります。私が一番時間をとられていたのはこの公認会計士監査業務です。

3番目に、大手上場企業の社外役員として公認会計士からの視点。「コンプライアンスやガバナンス（企業統治）とは何ぞや」といったことに対する経験上の洞察がこれに関わります。

ガバナンスを支える社外役員の監視役は株主ですので、総会の招集通知には、私たちのような社外取締役や社外監査役の出席回数が開示されています。つまり株式会社制度のガバナンスの最終監視者である株主や、その他ステークホルダーといわれる利害関係者全員が私たちを監視しているのです。

私も、平均すると出勤の頻度は月2、3回程度ですが、会議出席のためのスケジュール調整は、他の何よりも優先されます。

4番目、唯一不足しているのは「会社経営者」としての視点かもしれませんね。

まあこれは「本業から外れるな」の意識がある故、自分で本業外の会社経営には手を出していないせいかもしれません。私のような仕事をしていると結構儲け話的な誘いはあり、つい仲間の公認会計士、税理士といった職業会計人も手を出して失敗している事例も見かけますね。

もっとも、私は有資格者を含めて百人近くを抱える税理士法人の経営をしているし、コンサルティング会社もあるにはあるので、まあ全く会社経営者の視点がないわけではないと言い訳しておきます。

こんな私ですから、アンテナの張り方は仕事の性格上、かなり幅広くならざるを得ません。ちょっと気を抜くとすぐさま取り残され、仕事ができなくなってしまうのです。

ですから日本経済新聞の経済面、政治面等は皆、仕事絡みで読まざるを得ません（逆に、スポーツ面、社会面等がお留守になり、ちょっとその部分での情報が薄くなっているのではとの不安感に襲われています）。

そんな訳で、これから出てくる（1）ＰＦＩって何？（2）サーマルリサイクルってどうやるの？（3）生物多様性への対応ってどうする？（4）地方自治法が抜本改正されたって？　などなどは、税理士業務専担で業務を行う人は案外関心を示さない部分かもしれませんが、私は大いに関心を持たざるを得ません。（1）（2）（4）はこれまでに私が行政監査で扱った事象、（3）は、私が社外監査役を務めるある上場会社が「環境経営度調査」で業界ランキング2位の企業になったものの、この生物多様性への対応が不十分との結果が出され、「何これ？」となって関心を持ったテーマです。

ということで、さまざまなテーマがあちこちに出てきますが、会計というフィルターを通して、複式簿記の素晴らしさを伝えたいとの願いをぜひくみ取ってお付き合いくだされば幸いです。

目　次

## 第2章 職業会計人からみる企業不正

## 第3章　会計人から見える日常生活（世界）のおもしろさ

ブックデザイン／中西啓一（ｐａｎｉｘ）
本文ＤＴＰ＆図表制作／横内俊彦
校正／矢島規男

第1章

# 複式簿記って素晴らしい

## 複式簿記の素晴らしさを考える前に ―予算単年度主義と予算準拠主義―

数年にわたる、ある地方公共団体とのお付き合いで、お役所の体質をつぶさに見て感じることがあり、「なぜ民間とこんなに違うんだろう」と自問自答しています。そこで、公認会計士による行政監査の視点から公会計を覗《のぞ》いてみましょう。

私は仕事上、数多くの公益法人と長く、そして深く関わっていますが、それに加えてここ数年は包括外部監査で、行政の会計に対する発想にも身近に接しています。

例えば民間の場合、１０００円の貨幣価値のあるものを１３００円の価値に作り変えて、すなわち３００円の付加価値を付けて物を売りますね。この３００円の付加価値こそ、民間の知恵であり、利益の源であり、企業を存続させる大前提のようなものになるわけです。

しかし行政は、民間企業がその活力と知恵をもって生み出した利益に対し課税をして、租税収入という形で歳入を得ます。つまり、表現は不適切かもしれませんが、民間の利益を絞り取るという……それは、まあ言ってみれば社会生活を営む上での会費みたいなものではありますが、あえてそういう言い方をさせてください。従って行政は、収入を得る過程での付加価値を生み出す工夫は必要なく、誤解を恐れず表現すれば、「使うことだけ」を考えればよいわけです。つまり予算準拠主義《よさんじゅんきょしゅぎ》、予算内決算です。

公益法人を例にとってみれば、総会や評議員会で承認された事業計画に基づいた収支予算書の支出予算の額が、事業執行者である理事に与えられた支出限度額となります。そのため、予算超過支出は認められませんから、予算と決算の比較をした収支決算書がマイナスになることはあり得ませんでした（平成20年の公益法人制度改革後は、公益法人の予算の考え方が変化し、現在その予算は内部管理資料としての位置付けに変わりました）。

地方自治法には、支出についての効率性、有効性、経済性等が謳《うた》われていますが、民間のように工夫（経費削減）をして、付加価値を上げるという発想が少ない上に、予算単年度主義ですから、次年度予算獲得に向けての予算の使い残しも嫌われます。

この予算準拠主義・予算単年度主義が、実にさまざまな弊害を国、地方公共団体にもたらしていると言いたいのです。

公益法人とお付き合いしていると、行政の不思議なお金の使い方が見えてきます。

例えば、毎年、3月近くになると、前年のその時期と同じような仕事が繰り返される……果たしてこの調査結果の報告書は利用され、かつ役に立っているのだろうか?―3月中に無理やり納品させられたり、あるいは4月納品でも納品書は3月にさせられる……あるいは納品日をなぜ白紙にさせられるのか?

直接、業務を実行する組織と契約すればよいのに、なぜ別の法人経由で契約するのか?国の予算との関係で大手民間会社もそれに合わさざるを得ないというのはよくある話ですが、その大手と取引している中小企業も、その年度決算に合わせるための犠牲にさせられている実態……補助金との関係で、公益法人側も特別会計を作らざるを得ず、一般会計との関係で実に奇妙な決算表示を余儀なくされている……何か変ですよね?

以上の事例は国や地方公共団体との取引のある公益法人側の会計処理からうかがい知れる行政の実態です。納品書の日付だけがすべて同じ人の筆跡になっていたり、3月中旬以降に実施される卒業アルバム作成補助の支出予算が、その年度に収まるわけがないのに無理やり3月納品になっていることなども……。これらの実態を垣間見るにつけ、予算準拠主義・予算単年度主義の弊害が浮き彫りになります。

私が何を言いたいのか。

「行政に効率性とか経済性を説いても、現行のような予算主義が存在する限り、限界があるのではないか？」ということを言いたいのです。

平成20年12月から始まった新たな公益認定制度では、収支予算書は損益計算ベースのものに変わってきています。しかし法人側の頭の中の意識改革はそれほど進まず、まったく従来どおりの法人が多いのも事実です。

ただ、公益法人会計はまだましです。複式簿記を前提として、民間の会計の視点（損益ベースたる発生主義）が導入されてきたからです。これに比べて、国・地方公共団体の会計はまだまだ遅れていました。

## ●地方公会計制度の改革

今までの予算準拠主義の考え方からすると少し前までの状況は致し方ないとはいえ、国・地方公共団体の会計（公会計）の仕組みは、企業会計の視点から見るとある意味で遅れていました。

市区町村では原則2017年度（平成29年度）までに現行の現金主義会計（単式簿記）を補完する仕組みとして発生主義会計（複式簿記）を整備し、これを活用した財務書類等を作成・開示することが求められています。

「統一的な基準による財務書類の整備予定等調査」（総務省／2017年3月末現在）によれば、全国1722市区町村（98・9％）が2017年度までに対応予定と回答していました。

平成18年8月に策定された「地方公共団体における行政改革の更なる推進のための指針」でも、平成22年度決算分までに貸借対照表《たいしゃくたいしょうひょう》（B／S）、行政コスト計算書（P／L）、資金収支計算書（C／F）、純資産変動計算書（NWM）の4表の整備、または4表の作成に必要な情報開示をすることが求められていました。しかしこれらの計算書は、複式簿記の手法で作成されていませんでした。まして日々仕訳方式《ひびしわけほうしき》による複式簿記の手法からは縁遠い期末一括仕訳変換方式によるものが圧倒的でした。

遅れていた国・地方公共団体の会計の仕組みを刷新するためには、自己検証能力のある日々仕訳方式による複式簿記の方式こそが重要で、検証可能性のない単式簿記による記帳では無意味です（複式簿記と単式簿記については後ほど詳しく説明します）。

検証可能性には、二つの意味があります。一つは、複式簿記がもつ貸借平均《たいしゃくへいきん》の原理による自己検証能力、すなわち一つの取引を借方《かりかた》、貸方《かしかた》の二つの側面からみることです。もう一つは、組織的帳簿システムが持つ原始記録までの遡及《そきゅう》がいつでも可能で、会計記録が証票等の証拠書類によって裏付けられているという意味です。複式記入しない単式簿記にこの自己検証能力がないことは、明白です。

公会計制度改革とは、現金主義・単式簿記を特徴とする従来の地方自治体の会計制度に対して、発生主義・複式簿記などの企業会計手法を導入しようとする取り組みのことです。

本書の「はじめに」に書きましたが、本原稿をブログにアップしていたころ（２０１０年）に公会計に複式簿記を導入すべきとの世間の流れの中で、啓蒙的発想で私はそのビジネスブログを通じて「公会計に複式簿記を導入すべき」と世に問うていたものです。

その後、私たち職業会計人の叫び声が世の中を動かしたと思っているのですが、国は平成20年度決算から「基準モデル」または「総務省方式改訂モデル」という二つの公会計モデルを活用して財政書類を整備するよう要請しています。しかしながら、これらのモデルは我が国で一般的に用いられている企業会計基準や、諸外国で準拠している国際会計基準の考え方とも異なります。

新たな公会計方式の採用にあたっては、国が進める単式簿記をベースとしたモデルではなく、将来的には、自己検証能力のある複式簿記の方式を公会計制度に採用することの重要性を、ぜひ理解し、かつ認識してほしい、そんな願いが叶って現在に至っています。

しかし、なぜ複式簿記にこだわるのかをさらに多くの人に理解していただきたく、今回、ブログ原稿に手を加え、書籍化したわけです。

## 天下りを嫌った兼好法師と鎌倉・南北朝時代と現在のリテラシーとの違い

本書は先に述べたように、私が2010年から2012年までの約3年の間に綴っていた「徒然泣き！　人生　―職業会計人の〝軒昂奉仕〟―」というビジネスブログをもとにしています。その徒然とは、あの兼好法師（吉田兼好）の『徒然草』の「徒然」であり、

「軒昂奉仕」とはまさに兼好法師なわけです。

まあ、私の人生はそれほど徒然ではありませんが、指折り年を数えて、すでに後期高齢者目前であり、70歳を過ぎ、ますます人生が楽しくなってきている身です。そこで、享年70歳といわれ、独身を貫いた兼好法師の生き方と、鎌倉・南北朝時代と現代の男の必須科目（リテラシー）について、ここで思いを馳せてみたいと思います。会計の重要性を知ってほしい故、ちょっと寄り道してみます。

## ●「つれづれの時間」と学問の関係

『徒然草』は高校時代の授業で一部分のみ読まされた記憶があるものの、ある時、全体を読んでいないことに気付いたことがありました。

そこで今から数年前ですが、私の〝徒然なき人生〟の忙しすぎる時間の合間にできたゴールデンウィークの〝つれづれの時間〟を利用して『徒然草』を読んでみることにしたのです。

もっとも、その年の5月の連休は、百年ぶりに改正された「会社法」の勉強と研修会講師のレジュメ作成に追われていたので、真の意味でのつれづれの時間とは言えませんでした。

しかし、ギリシャ語の「スコレ（schole）」は「暇（leisure）」の意味で、後に「学校（school）」を意味するようになったといいます。つまり、学問（今では仕事のための知識の仕入行為）をするということは、〝つれづれ〟に通じるわけですから、5月の連休に会社法979条を読む羽目になったと嘆くのではなく、徒然なる人生を送っているのだと考えれば、慰めになると気を取り直した次第です。

## ●兼好法師はなぜ、高級官僚を途中でやめてしまったのか？

### 【子供時代から成人までの兼好法師】

官僚としての出世コースを登りつめていた兼好法師たる「卜部《うらべ》兼好《かねよし》」は、30歳にして官僚生活に見切りをつけたんですね。今に置き換えると、財務官僚や経産官僚が途中退職して政治の世界に入っていく事例はたくさんありますが、兼好法師は当時、どのような心境だったのでしょう。亡くなられましたが、通産官僚から作家に転じた堺屋太一氏あたりは兼好の心境がわかったかもしれません。

兼好が天才少年であったことは、『徒然草』（第二百四十三段）「父と問答の思い出」―八つになりし年―をみるとわかります。

この段（最終文）を読むと、兼好法師は子供の頃から頭脳明晰で論理的な子供であったことがわかります。ここには、「仏とはどんな存在で、どうやってなるのか」と兼好に問い詰められて答えられなかった父親が、そのことを子供の自慢話として語っている様子が綴られているのです。父親のこの様子を徒然草の最後に書くことによって、執筆時50歳だった兼好は「自分は子供のころから変わっていない」ということを言いたかったのではないでしょうか。

「兼好」という名は出家後の法名で、本名は先述した「卜部兼好」です。役人生活を経て、30歳頃に出家している兼好ですが、彼は、10代後半には、その娘が天皇の母后となった役人付きの事務管理職―19歳の時に「天皇秘書官」。25歳で左兵衛佐《さひょうえのすけ》―（兵衛府は警察庁と総務省を兼ねたような部門か？　左兵衛佐は兵衛府の次官。佐《すけ》の上は督《かみ》に昇進）。と、官僚として順調すぎるほどのキャリアを歩んでいます。

それが、後二条天皇が24歳の若さで崩御してから数年後に、兼好は地位と名誉を保証された官僚体制から飛び出して、世捨て人になっています。

彼が世を捨てた理由はこれまでいろいろと詮索されていますが、はっきりとはわかっていません。政権交代により出世に影が差したこと、生まれつき超俗的な性格（生まれは神職の家）だったことが起因しているようです。また、これから説明しますが、失恋や悲恋といった色恋沙汰が原因で世を捨てたわけではないようです。

## 【兼好法師の女性観と世捨ての関係】

色恋沙汰で世捨てしたわけではないことは、死ぬまで独身だった兼好の女性観を見るとなんとなく想像できます。『徒然草』から二つほど見てみましょう。

（第八段）女の色香の威力―世の人の心―

「世の人の心惑わすこと、色欲にはしかず。人の心は愚かなるものかな。匂いなど仮のものなるに……（以下略）」

出世欲や金銭欲という望みは諦めて断ち切れたとしても、身体が望む性欲まで断ち切れるのか……と兼好は不安に思っていたようです。ただこれが「失恋」したという証拠にはなりません。

（第三十二段）月見る女の心配―九月二十日の頃―

「……わざとならぬ匂ひ、しめやかにうち薫りて、忍びたる気配、いとものあはれなり。……（中略）……しばし見ゐたるに、妻戸を今少し押し開けて月見る気色なり。やがて掛けこもらしかば、口惜しからまし。後まで見る人ありとはいかでか知らむ」

この2つの女性に関する記述を見ると、失恋、悲恋といった色恋沙汰が原因で世を捨てたのではなく、むしろ女性に関しては憶手ではなかったのかと推察できます。なぜなら、香の匂いのする女性の家を物陰から覗いていたわけですからね。

## ●鎌倉・南北朝時代、昭和・平成時代のリテラシー

さて、いよいよ本題です。これほど高度に発展した今の世の中、これまではＩＴ（情報技術）を使いこなせなくとも別にどうってことはなかったのでしょうが、ここへきてデジタルデバイド、つまりＩＴを使いこなせる者と使いこなせない者との間に生じる機会の格

差、個人間の格差が顕著になってきたようです。使いこなせない人は、ものすごく遅れてしまっていることに気付かないまま取り残されているのではないでしょうか。iPhoneなんて、単なる電話だと馬鹿にしてそっぽを向いていましたが、10年ほど前から使い続けて、いまだに度肝を抜かされ続けており、iPhoneなしでは生活できなくなっています。

さて、話が横道に行く前に戻しましょう。

## 【鎌倉・南北朝時代の男の必須科目】

雑誌『東洋経済』のかなり前の記事によると、21世紀を生き抜くビジネスマンに欠かせない3つのリテラシーは「パソコン」「英語」そして「会計」である、とありました。私が育った時代は「読み」「書き」「そろばん」が必須科目でした。ですから小学生は、皆そろばん塾に通っていたんですね。

さて、『徒然草』の話です。鎌倉幕府から室町幕府に交替する時期、いわゆる南北朝時代の必須科目は何だったのでしょうか？　そのヒントが『徒然草』（第百二十二段）男子の必修科目―人の才能は―に綴られています。それは、

・文字が読めて漢籍に詳しい→古典の書物に精通して、聖人の教えを理解していることを第一とする。
・文字を上手に書けること→名人になろうとしなくても、ぜひ習うべきだ。
・医術を習うべし→己の身体を管理すること、人を助けること、主君に忠義を尽くし、親に孝行するのも、医学の知識がなくてはできないこと。
・武・弓道と乗馬→これは六芸《りくげい》の中に入っている。ぜひ習うべきだ。
・調理→味を上手に調理できる人は、大いなる才能だと考えていい。
・手芸工作

鎌倉時代は「読み」「書き」「医術」。それに「乗馬」に「調理」。最後に「手芸工作」のようです。

## 【現代のリテラシー】

昭和の時代が「読み」「書き」「そろばん」で、平成の時代が「パソコン」「英語」「会計」なら、これからは何でしょう。

私の感覚では、1に「複数語学」、2に「IT（それもクラウドコンピューティング）」、そして3に「会計」でしょう。2のITは今や当たり前になりましたので、IoT（モノのインターネット）もしくはAIにしておきましょうか。

### ①なぜ、語学なのか?

語学も英語だけではダメですね。あと10年もすれば中国の名目GDPはアメリカを抜き去ります。つまり、中国語もできる必要があるのです。私は両方ともできないので、これからは生き残っていけません……。

### ②なぜ、クラウド革命のIT技術なのか

最近までは、パソコンがリテラシーの一つでしたがIT技術を駆使する道具は、クラウドコンピューティングを前提とした、iPhoneやiPad等の機器類でしょう。立ち上がりの遅いパソコンなんて使う気がしません。

クラウド革命は人類の定義をリセットするようなすごい革命ではと思うのですが、情報は「サーバーの固まり」のクラウドで共有されて、人間の知的活動は〝創造〟のみに特化

されていくのではないでしょうか。

つまり、知識や情報の多寡《たか》は何の価値もなく、創造活動が人間の知的活動に特化され、企業も個人も生産性の飛躍的向上は当たり前で、新たな競争社会が到来するのではないかと思っています。

生産性の向上が当たり前の時代に、「生産性の向上をどうやってやればいいのか」なんて考えている企業は、すぐに取り残されますね。

グーグルグループやGmail、Webアルバム、グーグルドキュメント、グーグルカレンダーを仕事で頻繁に使い、その便利さに圧倒され続けてます。このグーグル等の進めているクラウドコンピューティングは、この革命のもっとも新しい現象ですね。

コンピューターは人間を必要としていません。それどころか人間は本来、コンピューターの輪の中にいるべきではなく、この輪の中から潔く出て行こうとする人間の初めての試みが、クラウドコンピューティングなのだそうです。そして最近話題のＩｏＴやＡＩ、フィンテックにも思いを寄せないと取り残されます。

## ③なぜ会計なのか？

私は、職業柄つくづく思います。イタリアの商人出身の数学者ルカ・パチョーリの発案とされる「複式簿記」って凄い！ と。

最近の会計はますます複雑になっていますが、会計の複雑さが世の中を破綻させるといっても過言ではないのです。

ですから、もし政治家になるという方には、ぜひ、複式簿記による会計の発想、思想を頭に染み込ませてほしいのです。複式簿記的世界観を身につけましょう。要件事実的世界観だけでは、裏に隠されている部分が見えなくなるのです。

企業会計の仕組みの中には「次の世代にツケを残さない」という思想が入っています。これって案外気付いていない人も多いのでしょうが、「減損会計《げんそんかいけい》」の考え方がこれなのです。公会計の分野に企業会計の発想が徐々に入り込んでいますが、公会計にも完全複式簿記による企業会計の発想が入り込めば、孫や子の時代に政治家が借金という「ツケ」を残すようなことはしないはずです。

民間企業は、筆舌に尽くせないくらいの自助努力をしています。なぜ、お役所はその努力をしないのか？　この辺は、じっくり説明したいので、次項に。

## 孫の世代にツケを残さない企業会計の手法を知ろう —減損会計—

### ●定年間際の夫のいる山田家の会話

妻「お父さん、我が家の年収は４７０万円なのに、毎年９２０万円もお金が出ていくんですよ。どうするんですか！　貴方！　老後は真っ暗じゃないですか！」

夫「まあ、なんとかなるさ。借金すりゃいいじゃない。子供たちも大きくなるし……。そのために子供３人も作ったんだし……。年取ったら面倒見てくれるさ」

妻「子供たちなんて、あてにならないわよ！　３人とも海外勤務で、いつ日本に帰ってくるんだか、わかりません！」

老後の面倒を子供たちに託そうと考えていた時代は、もうとっくに過ぎ去りましたね。ですから、庶民は孫の世代にツケを残さないように、皆、守りの姿勢に入ってしまいました。

そして私たちの日本国。「プライマリーバランス」、「消費税増税」「財政健全化」を口にするようになったものの、後世へのツケがたくさん残っています。２０１０年度末の国の借金は９７３兆円で「苦（９）難（７）見（３）つけて未来なし」と覚えたものでした。２０１７年度は１０８７兆円に増加しています。

山田家の家計を、２０１０年度の日本国の場合に例えると、税収37兆円＋税外収入10兆円で合計47兆円、支出92兆円ですから、不足分を借金で、つまり国債45兆円で賄っています。

## ●その後リストラにあって職を失った山田家の会話

妻　「お父さん！　会社をクビになって、これからどうするの！」

夫　「……すまん……」

しばし沈黙が続く……そして一言、

「この家売って、老後を食いつなぐしかないよな」

妻　「5000万円で買ったこの我が家、今売ったらいくらになると思っているの！
せいぜい3000万円よ！」

共稼ぎ世帯の山田家にとって、夫の稼ぎがなくなっては、家を手放さなくてはならないかもしれませんね。山田家の危機です。

さあ、どうすればいいのでしょう。持家売却を目の前にして、自宅の評価減という事実を、嫌でも意識しなければならなくなりました。

上場会社等の大手企業の場合にも同じような危機がたくさんあります。山田家の場合は、収支計算という概念しかありません。ですから、持家売却という事実に直面して初めて、持家の評価をしたんですね。そして、5000万円の持家が3000万円の価値しかないという事実を知り、山田夫妻は真っ青になったわけです。

企業には、複式簿記によって日々の帳簿から誘導された、「貸借対照表」と「損益計算書《そんえきけいさんしょ》」があります。もちろん「キャッシュフロー計算書」という収支計算書の概念もあります。

そして、将来にツケを残さない企業会計の手法の一つとして、「減損会計《げんそんかいけい》」という概念があります。

詳しい説明は後回しにしますが、減損会計は「固定資産の投資額に対する回収可能性が見込めなくなった時点において、将来（後世）に損失を繰り越さないため、帳簿価額《ちょうぼかがく》を減額する会計処理」とだけ説明しておきます。その意味で、将来にツケを残さない企業会計の手法と私は言っているのです。

上場会社など公認会計士監査の入っている企業は、皆この減損会計という考え方のもとに会計を行い、地価の下落等で大幅な減損損失を計上しなければならない状況に対応するため、血のにじむような経営努力をしてきています。

中小零細企業も本来同じ処理をしなければならないのですが、指導する職業会計人が、税務上損金にならないという理由からか、減損会計に積極的ではなさそうです。というより実務の世界では皆無と言っていいかもしれません。

## ●大手企業の血みどろの努力（ツケを将来に残さないための努力）

国、地方公共団体等の企業会計の手法を導入していない機関は、ある意味で能天気です。従来は単式簿記による収支計算書しかありませんでしたし、収入より支出が多ければ国債や公債を発行すればいいと……。ツケを将来に残さないようにと、行政改革や事業仕分けという一時的なパフォーマンスで国民受けした時期が一瞬ありましたが、その成果は惨憺《さんたん》たるものでした。

実は、数年前より、地方公共団体も貸借対照表を作るように義務付けられましたが、行政資料等から作成する財産法的手法による作成方法がかつては主流で、日々仕訳による複式簿記の手法によらない貸借対照表の作成でした。

なぜ、地方公共団体等はある意味で能天気なのか。それは、将来にツケを残さないための会計手法を持たないからです。その点、民間企業は血みどろの努力をしています。

減損会計の仕組みは後で説明しますが、一般企業の場合、来期にどの程度の減損損失を計上しなければならないのか、土地等の時価の下落傾向から事前に予測がつきます。従って、その予測される損失を計上しなくても済むように、私の関わったある地域金融機関では、営業店の統廃合や組織変更をして、その組織等が生み出すであろう将来収益を確保するための必死の営業努力を始めました。廃止店舗で将来の収益が見込まれないような営業店は、当然すぐに売却されました。

なぜそこまで早い意思決定ができたのか？　そりゃ、血みどろの経営努力を、従業員一丸になってやらなければ、次期決算で減損損失を計上せざるを得なくなり、自己資本比率が８％を割り、自滅の道を歩まざるを得ないからです。

繰延税金資産《くりのべぜいきんしさん》という、貸借対照表に計上される会計上の資産概念である勘定科目《かんじょうかもく》があります。これについては、小泉内閣時代の竹中平蔵氏が中心になって不良債権処理をしていたころ、新聞紙上にも度々掲載されたことがあるので、少しは記憶に残っている方もいるかもしれません。

この税効果会計もずいぶん悪者扱いされて、ある部分間違った報道もされていました。

話を戻します。私の関係したある上場会社は、繰延税金資産を全額取り崩す意思決定をしました。従って次の期は大幅な赤字決算です。それと並行して大幅なセカンドキャリア計画（言葉を換えるとリストラ）も実行されました。

経験したことのない大幅赤字を計上しましたが、翌期は、全社一丸となった血みどろの（というより壮絶な）経営努力で黒字転換しました。

なぜそこまで早い意思決定ができたのか？　そりゃ、二期連続で最終利益が赤字なら、コベナンツ条項に引っかかって、社債等も発行できなくなるからです。

「コベナンツ条項」―耳慣れない言葉ですか？　債務制限条項（コベナンツ条項）とは、お金を銀行から借りる際に、「こんなことをしたら、お金をすぐに返してね」という約束（条項）のことを言うのです。もう少し固めに表現すると、「あらかじめ設定した条件に該当する事態となった場合、その効力が発生する条項」のことをコベナンツと言います。

私の関わったある地域金融機関、上場会社の二つの事例は、結果的に素早い意思決定で、血みどろの努力をし、ツケを次の世代に残さないで済んだことになります。

地方公共団体等も、実は似たような努力をしてはいるのです。しかし、私に言わせれば、努力をしている恰好を国民や住民に見せているだけです。

パフォーマンスだけはマスコミ受けした事業仕分け、そして各地方公共団体に設置されている行政改革推進室等の仕事ぶりを見ると、民間の努力からはほど遠いものといえます。

箱物《はこもの》行政の結果、当初計画と違い、その施設が現段階では将来世代には役に立たないということがわかったのならば、減損処理をし、損益ベースの予算・決算でプライマリーバランスを保てるよう、無駄の削減、もしくは税収アップの方策等の手当てをすべきなのです。

## ●減損会計とは

「減損会計」―ちょっとわかりにくいかもしれませんが、我慢して読んでください。将来にツケを残さない会計の仕組みを少しでも理解してほしいのです。

前項では、リテラシーの話をしました。お箸《はし》を使えないと食事ができませんよね。そうです、現代のリテラシーの一つ「会計」がわからないと、生活できないとまで言えるのです。特に政治家やマスコミの方に「読み」「書き」「そろばん」に匹敵する「会計」を理解していただきたいのです。会計の複雑さが日本経済を破滅に導きかねないからです。

具体的な数字を例に挙げて説明しましょう。ここでは小売業を営む会社の銀座店だけの計算例ですが、グルーピングされたすべてのお店につき、将来収益のキャッシュフローを見積もり、そのグルーピングされたお店の簿価《ぼか》合計《ごうけい》と比較し、投資期間全体を通じた回収

表1 銀座店の割引後将来キャッシュフロー（CF）

（単位：百万円）

| | 1年目 | 2年目 | 3年目 | 4年目 | 5年目 | 合計 |
|---|---|---|---|---|---|---|
| 営業利益 | 300 | 330 | 350 | 350 | 350 | 1,680 |
| 減価償却費 | 1,200 | 1,100 | 1,000 | 900 | 800 | 5,000 |
| 引当金繰入純額 | 80 | 90 | 100 | 100 | 100 | 470 |
| 計（継続使用による） | 1,580 | 1,520 | 1,450 | 1,350 | 1,250 | 7,150 |
| 使用後の売却時CF | | | | | | 300 |
| 計（割引前営業CF） | 3,160 | 3,040 | 2,900 | 2,700 | 2,800 | 14,600 |
| 割引率6% | 0.943 | 0.89 | 0.84 | 0.792 | 0.747 | |
| 割引後現在価値 | 2,981 | 2,706 | 2,435 | 2,139 | 2,092 | (A)12,353 |
| 銀座店の固定資産簿価 | | | | | | (B)20,000 |

※AとBを比較して、簿価20,000(B)よりも将来の回収可能価額12,353(A)が少ないので、AとBの差7,647を減損損失として損益計算書に損失を計上する。

可能性を評価します（表1）。

つまり、将来収益の見込みがなくなってしまった固定資産は、獲得できる収益見込みの合計額まで評価を落として、早めに損失に計上しようということなんです。ですから、孫の世代には、損失を持ち越さないのです。

## ●減損会計の数字の割り切りからくる限界（矛盾）

ツケを将来に残さないという点では、減損会計は優れた手法ではあるのですが、限界もあります。将来収益を予測しなければならないという点、そして割引率の問題です。

減損損失の測定にあたっては、使用価値を算定するのですが、測定時点の割引率で、将来収益を現在価値に割り引きます。

なぜなら、現在から将来にわたる利益を積算する場合、それらを単純に足すだけでは問題が生じるからです。5年後のX円と現在のX円の価値は異なるからです。

割引率の計算（加重平均資金調達コスト）は資本コストと負債コストから計算されます。借金、すなわち負債の比率が増えると、現在は資本コスト（資本調達のコスト・配当等）より、負債コスト（借入のためのコスト、すなわち金利）の方がかなり低いわけですから、結果として割引率が下がります。

簿価8億円の固定資産があるとして、この固定資産の将来5年間で得られる収益の単純合計が10億円とします。この5年間の収益の単純合計10億円を、6％の割引率で現在価値に直すと、7億4700万円となります。資金繰りが悪化して負債の割合が増えて割引率が4％に下がると、5年間で10億円の収益合計の現在価値に引き直した金額は8億2200万円となります。

この場合、割引率が6％ならば、将来収益の現在価値7億4700万円はこの固定資産の簿価8億円より低くなりますので、減損処理が必要になります。しかし、企業業績が悪くなって負債の比率が高くなると、割引率が下がり、逆に収益合計10億円の現在価値は８億２２００万円となります。よって、固定資産の簿価８億円より、将来収益のほうが多くなり、減損処理をしなくて済むのです。

業績が悪化して負債比率が増えると、減損処理を免れる事態が生じる場合も出てくるのです。

減損会計は将来にツケを残さないという点では、その発想はよいのですが、「会計上の見積もり」をする上で、このようなおかしな部分も出てきます。

最近の会計は、過去実績の積み重ねの部分よりも、〝会計上の見積もり〟のウエイトが非常に高くなっています。税効果会計しかり、退職給付会計しかり、各種引当金の計算等々においてもそうです。この〝見積もりの世界〟は、ある意味で極めてドライです。そこに何ら感情を入れてはいけません。数字の持つ客観性、合理性だけが追求されます。従って会計上の見積もりをする場合には、とことんその計算される数値の計算過程やら思想といった点で、会社側と徹底的な議論をします。

所詮、見積もりの世界なのですが、その計算合理性、説明責任を果たしうる説得力があるのかが問われます。

またまた話がそれてしまいました。最後に山田家の話に戻しましょう。

## ●持家を売却してしまった後の山田家の会話

妻　「お父さん、家もやっと売却できたし、あとは貴方の退職金だけが頼りですね」

夫　都合が悪くなり話題をそらす。

「おい日経の記事にこんなのが載ってるよ。

『自治体病院　財政難で独法移行　42病院に倍増　人件費など柔軟に

……自治体病院は7割が赤字経営。独立行政法人になれば人件費や医薬品費の見直しなど柔軟に取り組みやすくなる利点がある。年功序列で高止まりしがちな間接部門の給与水準などを下げるなど柔軟な運営が可能となる。……』

「那覇市立病院は07年度2・9億円の赤字だったのが、独法移行した08年度に1・7億の黒字転換になったんだってさ、やはりお役所仕事って、どこかが狂ってるんだろうかね」

妻 「やっぱり民間と同じような会計手法をとらないと駄目じゃないの。ところで、今後の我が家の支出管理とお財布は、私が握りますからね!!」
夫 また話題をそらす。「おい、今日このマンションで源氏ボタル観賞会があるんだって。見に行こうよ」

ということで、次項では、都心の自然について考えてみたいと思います。マンションでのホタル見物は味気ないものの、東京のど真ん中にもまだまだたくさんの自然が残されています。そして「生物多様性って何?」という点にも触れていきます。

## 東京のど真ん中の自然と生物多様性、そして会計との関係

東京のど真ん中、港区三田に住み続けて60年以上になります。大方は、「そんなところに人間が住めるの?」という感想でしょうか? でも東京って、案外緑が多いんです。まあ「大自然」というわけにはいきませんが、「小自然」は再開発の過程であちこちに作られ、ま

すます綺麗な街並みに変化し続けていますね。

さて、前項の夫婦の会話で都合の悪くなった夫が話題をそらし、「おい、今日このマンションで源氏ボタル観賞会があるんだって。見に行こうよ」と言ってました。夫に成り代わって、その報告をしましょう。

## ●都心のホタル狩り

作られた自然の最たるものという位置付けではありますが、マンション内で行われたホタル観賞会に行ったことがありました。というより、私の会計事務所とは道路を挟んで向こう側に位置する大型高層マンションにある事務所分室での仲間うちの会議が夕方から始まり、その途中の休憩タイム代わりにそのマンション内で開かれたホタル観賞会に行きました。

このホタル観賞会ですが、都心の子供たちがホタルを見る機会がなくなっているとはいえ、「ここまでやるか?」との思いが込み上げました。というのも、畳2畳ほどの立体空間に「擬製された大自然庭園」が作られ、その中にホタルが飛び交っていたのです。

私の事務所としては日本で最南端の税務の関与先が、沖縄本島の離島にあります。関与先はそこでホテル、民宿、バス会社を経営していますが、この島には今でも道路端にはたくさんのホタルが見られます。これこそ大自然の中のホタルなので、私は納得です。

## ●都心の蛙・蛇とハクビシン

マンションのホタル観賞は作られた「極小自然」でしたが、蛙《かえる》は我が家の玄関先（写真1）、蛇は庭先の話です。今も季節になると、雨の日など蛙を踏みつけそうになることがあります。隣の家には大きな庭があり、庭の池に蛙が住みついています。啓蟄《けいちつ》のころは、蛙の鳴き声がうるさいくらいです。そして梅雨時は、自分の庭から飛び出し、道路や我が家に入り込んできます。

我が家の界隈（東京都港区三田）は、お寺が多く、開発もされずに昔のままの姿が残されています。ですから時々、蛇が道路を横切っていたりします（写真2）。そして、年一回隣の空き地で開催する「向こう三軒両隣の会」の会合では、ハクビシンを見かけた隣組が3人もいたことがありました。ですから、その存在も間違いないものでしょう。

写真1

写真2

写真3

## ●都心の筍狩り

「向こう三軒両隣の会」は、すでに6年続けて開催しています。もともとは近隣に話が持ち上がったマンション建設への反対運動がきっかけで隣近所の集まりがあり、結果としてエココミュニティの広がりとなってきました。

とかくプライバシー意識や個人主義の広がりから、とくに都心では、このようなお隣さん同士の共同作業は減少しているようですが、かつては町内で普通に行われていたことです。

そして、4月中旬の遅咲き桜の木の下で、お花見と筍《たけのこ》狩りを毎年続けています（写真3）。

昭和の時代には馴染みのある「向こう三軒両隣」という言葉も死語に近くなりましたが、都心の真ん中でも現に存在しているのです。

この会では、他の地域へ転居していった兄弟や娘さん等もこの日は実家に戻り、昔話に花を咲かせ、都心でのハクビシン存在の確認等、隣近所ならではの情報が確認できます。個人的には、住民同士の関係性を環境の視点で再評価できる機会として注目しています。

## ●都心の渓谷と吊り橋

さて、51ページの写真4の橋は、どこの橋だと思いますか？　吊り橋に見えなくもない橋ですが、写真に写っている影は私です。この吊り橋（？）の下を私は勝手に「月の岬渓谷」と呼んでます。ここに水が流れていたらまるっきり渓谷に見えるのですが、そこは東京のど真ん中、港区の第一京浜（国道）からたった数十メートルの場所です。元和《げんな》キリシタン遺跡のすぐ隣です。

橋はエレベーターの上部と聖坂《ひじりざか》の上を結ぶ〝鉄の回廊〟となっています。近所の人たちはこのエレベーターを「月の岬エレベーター」（写真5）と言っています。

春先になると、この下の元和キリシタン遺跡の前は芝桜が満開で、これも数年前に都心に作られた〝中自然〟です。私はこのエレベーターを使い徒歩通勤しています。ただし終電ならぬ「終エレベーター」は午後11時なので、これに間に合うよう帰るようにしています。

そして、この月の岬エレベーターから南に200メートル弱の距離には1300年の歴史のある御田八幡《みたはちまん》神社があります。境内には湧水の出る淵があって、晴れた日には亀が日なたぼっこをしているのをよく見かけます。そうです。東京のど真ん中にも、湧水の出る

写真４

写真５

自然はあるんですよ。

## ●都心の自然と生物多様性

〝東京のど真ん中にも自然が残っている〟ことをおわかりいただけたと思います。日本各地での大洪水のニュース、そして都心のヒートアイランド現象等々を見るにつけ、異常気象が続いていると実感しています。そして、生物多様性の危機も叫ばれるようになりました。

私が社外役員を務めているある上場会社では「環境経営NO・1」宣言を行っています。そしてステークホルダーの一つに「地球」そのものも選び、毎年「地球への配当」も行っています。

日本では1995年に「生物多様性国家戦略」が決定され、2008年6月には生態系の保全と持続可能な利用についての基本原則を定めた「生物多様性基本法」が施行されているんですね。こうした姿勢を受けて、日本経団連自然保護協議会は2009年に「生物多様化宣言」を公布しています。私が社外役員をしている企業も、この趣旨に賛同して、重要な役割を担っているようです。

地球環境と生態系を考えるとき、生物多様性の問題は重要ですが、周囲の環境条件に適応し、生き残るために姿や機能を変えていくことを「進化」と言っていますね。生命の長い歴史の中で、この「進化」によって多様な生物が分化しています。生物同士の「食べる—食べられる」—いわゆる弱肉強食の食物連鎖構造の頂点に人間がいます。恐竜の時代から哺乳類が生き残り、そして人類へ……話が飛躍したので戻します。

食物連鎖のあらゆる事象における経済行為の結果として、さまざまな側面で会計が関わってきています。

そして〝自然の恵み〟の多くは、生態系の働きで作り出されるものですが、生物と二酸化炭素の炭素循環の中にも会計の概念が必要となりました。いわゆる排出量取引の考え方です。

排出量取引とは、温室効果ガスの削減を大幅に行った汚染主体（企業等）と、温室効果ガス削減の不十分な汚染主体との間で温室効果ガスの排出の権利を取引する制度です。姿形の見えないものをどうやって認識し、測定するの？　という厄介な問題もあります。会計が複雑化する中で環境分野における会計情報の複雑さ──この会計情報の信頼性確保のために環境会計があります。

排出量取引に伴う収益の認識なんていうものも考えてみるとおもしろいかもしれません。そんな難しいことをいきなり考える前に、次項で「はい！　お会計で～す」の言葉から「収益の認識」とは何かを考えてみましょう。

## 「はい！　お会計で～す」という声に会計士は何を考えるか？

会計を飯の種にしている人は普段何を考えているのか……興味ありますか？　まあ、興味がなくても付き合ってください。

個人の財布の中や会社の金庫（帳簿など）から、その人の個性や会社の方針を覗ける唯一の職業が、公認会計士や税理士といった職業会計人なのです。

これから紹介していく日常の各シーンについて、「職業会計人ってなんてくだらないことを考えるんだろう」「そんなことどうだっていい」とお考えになる向きもあるかもしれません。しかし、企業会計の素晴らしさ、というより公会計における企業会計的発想、言葉を換えて言えば複式簿記的世界観への取り込みの必要性をここで考えていただければと思い、書くことにします。

会計学における発生主義や実現主義の考え方に基づく「収益」「費用」と、公会計における「収入」「支出」の違いにも気付くきっかけになると思います。

本章最初の「複式簿記の素晴らしさを考える前に―予算単年度主義と予算準拠主義―」(16ページ)と併せて、卑近な例を8つ挙げていますので、ぜひ、お読みいただきましょう。

## ①「はーい！　お会計でーす」という声に会計士は何を考えるか？

仲間と飲んでいて、そろそろ腰を上げようとしたら、店の奥から「はーい！　お会計でーす」の声。注文したものがすべて出され、お客も満足して「さあ、帰ろうか」となったわけですね。

注文したものがまだ残っていたり、間違って配膳されたりしたにも関わらず、そのまま食べてしまった。でも、注文したほうの品をどうしても食べたかった……などなど……。まあ、こんな場合はややこしくなりますが、通常は「はーい！　お会計でーす」の声と同時に私たち職業会計人は「収益が認識される」と考えます。しかし、この時点で売上を計上するとなると、事務手続きが煩雑になります。いちいち「はーい！　お会計でーす」と言われた時刻を記録しなければならなくなりますから。

そこで通常は、レジに現金が投入された時点（実際はその日の営業終了時刻）が売上計上時点となります。

馴染みの客で「親爺！　今日、持ち合わせがないから、貸しといてくれる？」となると、現金売上ではなく、売掛金の発生です。でも、売上は計上されます。つまり「収益は実現している」と考えるのです。注文したすべての食事が配ばれ、お客側もそれを了解した時点で収益が実現するということです。これを会計学では実現主義と言います。ちょっと難しい言い方をすると、この場合、実現主義の観点からは「財貨の移転の完了」と「対価の成立」の二つの要件が必要となります。

本原稿をブログにアップしていたころの後に「収益認識に関する会計基準」(平成30年3月30日企業会計基準委員会)が制定され、基本となる原則が定められ「本会計基準の基本となる原則は、約束した財またはサービスの顧客への移転を当該財またはサービスと交換に企業が権利を得ると見込む対価の額で描写するように、収益を認識することである」とされ、さらにややこしくなっています。

本書は、複式簿記的世界観の重要性を説くのが目的ですから、ややこしい話は抜きにして、一般的な会計の考え方をもとに、居酒屋の話に戻しましょう。

仲間とワイワイ喋りながら飲み食いしていて、注文したのに間違って配膳された料理があることに、支払いの際に気付きました。酔っぱらった仲間は、「どうしてもその注文品を持って来い!」と言い張っています。でなければ「値引きしろ!」と叫び出しました。この場合、お店側は「財貨の移転の完了」は行ったとの認識でしょうが、お客が文句を言っているので「対価の成立」について問題が生じています。つまり客側は、「注文した物品の全数量は確かに受領したが、注文した物品が違っていたから『財貨の移転の完了』はしてない」と言い張っていることになります。

こうなると、旧基準の収益の認識の2要件が整いません。さあどうしましょう。「収益認識に関する会計基準」を持ち出して議論をしてみましょうか？

ところで、中小企業の会計処理については、従来どおり企業会計原則等による会計処理が認められることとされていますし、同会計基準は、２０２１年4月以後開始事業年度において本格的に適用されるものでもあります。すると余計にわからなくなりそうで、本来の趣旨から外れますので、これ以上深入りしないほうがよさそうです。

まあ、仲間の激怒も収まり、店側もお詫びのしるしにということで、少し値引きをしてもらい一件落着となりました。この時点で「対価の成立」が成り立ち、めでたく売上の計上ができることとなりました。

## ②地方のバスに乗ったら、会計士は何を考えるか？

収益の認識について、ちょっと専門的な話も交えて紹介しました。とにかく売上の計上一つとっても難しい問題を含んでいることと、一般の方からするとどうでもいいような事例についても少し取り上げようと思います。

私が住んでいる東京を走る「都バス」は、料金先払いです。都バスに乗るとき、何の疑問も感じませんが、地方へ行くと料金後払いのバスがたくさんあります。そこで気付きました。バス料金の収益の認識問題です。

東京で料金先払いのバスに乗り、途中で交通事故に遭ったとします。そこでやむなく全員降りざるを得なくなったら、おそらく料金は払い戻しになるのではないでしょうか。となると、会計的には、料金を受領した段階では「前受収益」、バスから降りた段階で収益の認識つまり「売上の計上」です。

実際はそんな面倒なことはしません。収益の認識を厳密に考えたらそうなるということです。料金後払いのバスの場合は、サービスの提供を完了した段階で運賃を払いますので、料金ボックスにお金を入れた段階で収益の認識となります。

## ③お中元が宅配で届いたら、会計士は何を考えるか?

自宅で宅配業者からお中元の品を受け取るたびに考えていることがあります。百貨店等から送り主（買い手）の依頼で送られてくるこのお中元の品の売上計上時期は、どの時点が正しいのだろうかと？

ケース1：送り主（買い手）が百貨店等から購入した日
ケース2：送り主（買い手）が指定する受取人（お中元の品を貰う側）へ、百貨店等が運送業者に発送依頼した日
ケース3：お中元をいただく受取人が実際に受領した日

現在の慣行では、事務手続きやシステム管理上の問題からケース1で売上計上している事例が多いと考えられます。でもそれでいいのでしょうか？

百貨店等は送り主からの対価の受領時点では、物品は受取人に引き渡されていません。運送業者が運搬途中で事故に遭い、引渡予定物品が破損してしまうことも考えられます。従ってお中元をいただく私の立場からすると「物品の所有に伴う重要なリスクおよび経済的価値が買手に移転」していないことになります。

新たな収益認識基準では、原則は「検収基準」、すなわち受取人が実際に受領した日が、

百貨店側の売上計上日となりますが、別途取り扱いが定められ出荷日に売上計上してもよいことになりました。

読者の多くは、「そんなことどうでもいいでしょ！」とお考えかもしれませんが、決算日である3月31日に10億円の買い物をし、配送業者のお届け予定日が4月2日であったと仮定すると、どうなるか気になりませんか？　運送途上で事故に遭い、10億円の貴重な品物が全損し、同一物が実際にお客の手元に届いたのが4月20日になったとしたら、この3月期の売上は10億円過大となります。この品物の粗利益が2億円で、この会社のこの期の利益が1億円だとしたら、実質は赤字1億円だったことになります。利益が出ていると思って株を買ってしまった上場会社等の株主はいい迷惑ですよね。ですから売上の計上時期の継続的会計処理が重要になるのです。

## ④たまったポイントでプリンタ用インクを買ったら、会計士は何を考えるか？

家電量販店等の小売業の中には、売上金額の一定割合に対してポイントを付与し、客はそのたまったポイントを商品と交換することができるポイント制度がありますね。買い物に応じて企業が消費者に発行する「ポイント」の市場は1兆円を超えているようです。

さて、10万円のノートパソコンを購入したら、ポイントが代金の10%ということで1万円分付いたとしましょう。ポイントを付与して商品を売った場合、売上はいくらで計上するのでしょうか？

**（ケースA）10万円で売上計上**

仕訳1　（借方）現金　10万円　／　（貸方）売上　10万円

これはこれで納得できますが、10%分のポイントはどう考えるのでしょう。家電量販店は、客が後日そのポイントを行使したとすると、1万円分の商品と交換しなければなりません。どうしましょう。プリンタ用インクでも買いましょうか？

仕訳2　後日交換される可能性の高い1万円分の処理

（借方）ポイント販促費　1万円　／　（貸方）ポイント引当金　1万円
※またはポイント引当金繰入額

しかし、実際にポイントを商品に交換するかどうかは、販売時点ではわかりません。実際は顧客に付与したポイント総数のうち将来にわたって実際に交換されると思われる額を見積もって引当金計上《ひきあてきんけいじょう》します。

**（ケースB）９万円で売上計上**

仕訳１　（借方）現金　10万円　／　（貸方）売上　９万円
　　　　　　　　　　　　　　　／　　　　　契約負債　1万円

売上は９万円で計上し、余分に入金した1万円は繰延収益として契約負債等の勘定処理をします（実際は予測交換割合を考慮）。

ポイント引当金計上方法も各社まちまちでしたし、翌期以降の実際のポイント交換時の会計処理もさまざまですが、ここでは紙幅の関係で割愛します。

収益認識基準だと、このようなポイントは別な商品（履行義務）と考えます。本物の商品とは別に「ポイント」という架空の商品があると考えるわけです。売上にできるのは、実際にお客さんに渡した「本物商品」だけです。「ポイント商品」はそのポイントが消費されない限り（履行義務が果たされない限り）、売上計上はできません。

## ⑤海外出張でたまったマイレージを家族旅行に使ったら、会計士は何を考えるか？

飛行機に乗った時に付くマイレージは、回数が重なると馬鹿になりません。この考え方は、前述の「④たまったポイントでプリンタ用インクを買ったら、会計士は何を考えるか？」と同じですが、ここでのテーマは、「会社のお金でたまったマイレージを個人が使用したらどうなるのか」という問題です。

従業員がためたマイレージに対する会社での扱いはさまざまです。公認会計士の監査でお邪魔する会社、税務のクライアント、それぞれ実にさまざまな扱いですが、組織が大きく、あるいは公的機関に近づくほどその社内規定もきっちりしています。

まあ、それはさておき、会社のお金でたまったマイレージを使ってヨーロッパ旅行をしたら、やはり経済的利益が個人に帰属していますから、給与扱いで源泉徴収すべきですね。しかし、その管理をしていない組織が多いのも実態です。国際会議等に頻繁に行く会社の従業員に付くマイレージは相当なものになりますね。

### ⑥遊園地の年間入場料を見て、会計士は何を考えるのか?

東京ディズニーランドの年間パスポートを知ってますか？ 大人・中人は６万１０００円、小人３万９０００円、シニア（65歳以上）５万１０００円だそうです。何年も連続で買っている人もいるようで驚きです。

さて、この場合も「売上の計上（収益の認識）はいつするのだろう？」と考え込むのが職業会計人です。

例えば、会計の知識のない方がこれを考えると、「年間パスポートを売った段階で一括売上計上するのだろう」と思うでしょう。しかし、このパスポートを買った段階では、まだ一度も東京ディズニーランドの施設は利用していないわけです。ですので、年間パスポートを売った段階では前受金ですね。

年間利用回数が決まっていれば、答えは簡単です。利用した都度、前受金から売上に振り替えていけばいいでしょう。

しかし期間入場券は、その期間何度でも利用できます。

さらに、一度も利用しなくてもパスポート代の返還義務は負っていないとします。先に説明した日本の従来の実現主義の考えからすると「対価の成立」要件は整っているものの「役務の提供の完了」要件は整っていません。

この場合の厳密な売上計上方法は、顧客の対象期間における総入場回数を合理的に見積もって、その回数を基礎に売上の計上をすることになろうかと考えます。入場回数の合理的な見積もりは困難を伴いますが、過去数年間の実績等から恣意性《しいせい》を排除した数字が求められるでしょう。合理的に見積もることができない場合は、対象期間にわたって平均的、継続的に利用していると仮定して、毎月均等に売上を上げていくことも認めてくれるでしょう。（旧ＩＡＳ18・付録第25項参照）

なお、東京ディズニーランドがどのような売上計上をしているかは、公表されている決算書からだけでは判断できません。以前見た決算書の中には「流動負債の部・その他」に、45877百万円と記載されていましたが、ひょっとすると、この一部が前受金なのかもしれません。

## ⑦業界紙の購読料を一年分一括前払いしたら、会計士は何を考えるか？

読者が購読料の一年分前払い（出版社からすると一括入金）をすると、支払い時は前払いであり、出版社側は入金時は前受金です。そのことがわかっていながら、入金時に売上計上し、会計処理の変更をしたがらない、税務のクライアントがあります。税務署は収益の前取りをして税金を余分に納めているので文句は言いませんが、会計的には不適切です（いや粉飾です）。

会計処理変更時に売上が激減してしまうため、なかなか実行に移せないのです。

それとは別に、読者からすると気になることもあります。雑誌の年間購読の場合など、大体、定期発行とは別に特大号もしくは特集号と称した臨時発行がありますね。ボリュームもいつもより多くなります。この場合の売上の認識は、どうすればいいのでしょうか。

定期購読契約期間の増大号についても通常号と同一の単価として対価を受領することが、契約上、買い手と合意されていることを根拠として、定額で収益を認識することは必ずしも間違いではありません。しかし、定期購読期間中の増大号および通常号の販売単価をそれぞれ合理的に測定できる場合には、各号の相対的な販売価格に基づいて、収益を測定すべきではないでしょうか。（旧ＩＡＳ・18・付録第7項参照）

同じことはテレビのコマーシャルにもいえます。契約期間におけるＴＶコマーシャルの放映回数は期間を通じて均等ではありませんよね。また、放映確認書を決算手続き中に適時に入手できない場合もあり得ます。この場合、収益を契約期間にわたって定額（月割）で行ってしまってもいいものでしょうか？　本来は、放映回数に基づいて認識すべきでしょう。

映画の放映権をテレビ局に売っている会社があります。契約期間最終日までに放映されなかった場合でも、契約金額の返却義務はないという契約内容を根拠として、契約期間開始時に売上計上していますが、やはり放映日の属する月、もしくは放映をしなかったことが確認できる契約期間終了時点に売上計上すべきと考えます。収益認識要件の一つと考えられる「財貨の移転または役務の提供の完了」は、契約日ではなく放映日をもって確定すると考えるからです。一回も放映していないのに、契約しただけで売上計上するのはおかしいです。

## ⑧富山の薬売りを見て、会計士は何を考えるか？

東京育ちの私には、富山の薬売りの実際は知りませんが、似たような薬の販売形態は今でも存在します。売り手は顧客に医薬品等を備え置き、顧客は医薬品等の消費をもって購入の意思を表示する契約形態です。

この場合の、顧客による消費量（販売量）は、定期的な巡回時に確定して売上高を把握しています。しかし、巡回の時期と決算期が一致していれば問題ありませんが、巡回の時期が決算期の20日前だったとしたら、この20日分の消費量が、売上に計上されないことになります。

何度も繰り返しますが、収益の認識における実現主義の考え方からすると、「財貨の移転の完了」要件が満たされた時点、すなわち、顧客の消費量を客観的に確認できた時点で収益を認識すべきです。そして「物品の所有に伴う重要なリスクおよび経済価値が買い手に移転」したことを求めていますので、消費量の確認には、巡回による方法のほか、顧客から毎月末に信頼性のある消費量に関する報告書等を入手すべきでしょう。

委託販売についての新収益認識基準では、従来認められていた仕切清算書の到着日に売上計上する簡便法は認められなくなります。

以上、思いついたのは項目にして8つですが、職業会計人というのは日頃こういうことが気になってしまうのです。会計に携わっていない方からすると「職業会計人って人種はなんと馬鹿らしいことばかり考えているんだ！」となるかもしれません。

官公庁の単式簿記は限界があり、やはり複式簿記でなければダメです。そして企業会計という複式簿記的世界観を一般の方にも持っていただきたい、リテラシーの一つとして会計の発想を身に付けていただきたいのです。その前段階としてこのような事例を取り上げました。

地方公共団体における予算・決算に係る官庁会計の立場からは、現金収支を議会の民主的統制下に置くことで、予算の適正・確実な執行を図るという観点から、確定性、客観性、透明性に優れた単式簿記による現金主義会計を採用しているのだと主張します。

一方で、財政の透明性を高め、説明責任をより適切に図る観点から、単式簿記による現金主義会計では把握できない情報「ストック情報（資産・負債）や見えにくいコスト情報（減価償却費・退職給付費用等）」を住民や議会等に説明する必要性が一層高まってきているので、その補完として複式簿記による発生主義会計の導入が重要だと意見が変わってきました。

そして、複式簿記による発生主義会計を導入することで、ストック情報と現金支出を伴わないコストも含めたフルコストでのフロー情報の把握が可能となるのです。公共施設等の将来更新必要額の推計や事業別・施設別のセグメント分析など、公共施設等のマネジメントへの活用充実につなげることも可能となります。

話が固くなりました。複式簿記の素晴らしさを、別の次元で考えてみましょう。

先日、カラオケスナックで『俺の借金全部でなんぼや』という曲を耳にしました。これ、複式簿記でいろいろと説明するのにうってつけの曲なのです。歌詞に出てくるいろいろな人から借りたり返したりのややこしいお金の話も、複式簿記の力を借りれば何てことありません。ということで、次項ではその話をしましょう。

## 俺の借金全部でなんぼや？ —複式簿記って素晴らしい　その1—

先日、地元のカラオケスナックで歌っていたら、『俺の借金全部でなんぼや』という歌に出会いました。（286ページQRコード2）「面白いな！」と感じると同時に、またまた職業意識が頭をよぎり、私の永遠のテーマ「複式簿記って素晴らしい！」に、頭の中が飛躍してしまった次第です。

『俺の借金全部でなんぼや』

お好み焼屋の　ゆうちゃんから　5000円　借りて来て
全部　パチンコで　負けてもたから

乾物屋の中西に　８０００円　借りた
そやから　ゆうちゃんに　３０００円　返して
２０００円　だけ　競馬をやったら
１万９０００円　勝ってしもた
その中から６０００円　乾物屋の中西に返して
残りで　飲みに行ったら
３６００円　足れへんかった
馴染みの店やし　明日払うわ　言うて
帰りに車代　１０００円　借りた
途中で　アルサロの　くんちょうに会った
くんちょうが　ポーカーをしようと言うたので

おかまの五郎ちゃんと 朝まで やってしもた
結局 5000円 負けてしもた

あくる日 有山に6000円 貸した中から
なんぼか 返してくれと言ったら
3200円 返してくれた

俺の借金 全部でなんぼや
俺の借金 全部でなんぼや
俺の借金 全部でなんぼや

この曲は、作詞・三上寛、作曲・上田正樹と有山じゅんじ、唄・有山じゅんじと上田正樹となっています。プロモーションビデオを見ると、悠揚《ゆうよう》せまらない歌いっぷりに「これが借金の唄かいな?」と思わず関西弁で突っ込みたくなる……のはさておき、歌われている詩の内容は、友人に会うたびに金を借り、それをいくらか返し、今度は儲けてまたいくらか払い（返し）、またまたお金を借りてしまい、それを使い込んで、ちょっと回収したりして……なんてやっているうちに、歌っている俺（「じゅん正樹」と仮に命名）も、自分が果たしていくら儲けて、いくら損をして、結局借金がいくら（なんぼ）残っているのかわからなくなってしまったんですね。それではちょっと、複式簿記でひもといてみましょうか。

## ●複式簿記の決算方法

### ①取引の仕訳

さてここで、「複式簿記」の登場です。この簿記の概念を使えば、いくら損をして、借金がいくら残っているかはすぐにわかります。

複式簿記では、一つの取引を取引の「原因」と「結果」の観点から「借方（左側）」と「貸方（右側）」に振り分け、それぞれ同一金額を記録してゆくことになります。これを「仕訳」と言います。

では、「俺の借金全部でなんぼや」の歌を複式簿記の仕訳に落としてみましょう（表2）。俺こと「じゅん正樹」の財産状況と、いくら損をしたかがわかってきます。

## 表2　「俺の借金全部でなんぼや」仕訳

【仕訳１】お好み焼き屋のゆうちゃんから、5千円借りてきて、

| | | | |
|---|---|---|---|
| 現金 | 5000 / | 借入金(ゆうちゃん) | 5000 |

【仕訳２】全部パチンコで負けてもたから、乾物屋の中西に8千円借りた

| | | | |
|---|---|---|---|
| パチンコ遊興費 | 5000 / | 現金 | 5000 |
| 現金 | 8000 / | 借入金(中西) | 8000 |

【仕訳３】ゆうちゃんに3千円返して、2千円競馬をやったら、19,000円勝ってしもうた。

| | | | |
|---|---|---|---|
| 借入金(ゆうちゃん) | 3000 / | 現金 | 3000 |
| 競馬遊興 | 2000 / | 現金 | 2000 |
| 現金 | 19000 / | 雑収入(競馬 | 19000 |

【仕訳４】6千円乾物屋の中西に返して、残りで飲みにいったら、3,600円足れへんかった。

| | | | |
|---|---|---|---|
| 借入金(乾物屋中西) | 6000 / | 現金 | 6000 |
| 交際費 | 19600 / | 現金 | 16000 |
| | / | 未払金(飲み屋つけ) | 3600 |

【仕訳５】明日払うわ！言うて帰りに車代千円借りた。

| | | | |
|---|---|---|---|
| 旅費交通費(タクシー代) | 1000 / | 借入金(飲み屋) | 1000 |

【仕訳６】おかまの五郎ちゃんと朝までポーカーやる。結局5千円負けてしまった。

| | | | |
|---|---|---|---|
| 遊興費(ポーカー代) | 5000 / | 未払金(くんちょう&おかまの五郎) | 5000 |

【仕訳７】有山に6千円貸した中から返してくれと言ったら、3200円返してくれた。

| | | | |
|---|---|---|---|
| 現金 | 3200 / | 貸付金(有山) | 3200 |

## ②貸借平均の原理

複式簿記では、一つの取引を原因と結果の二つの側面から見ますので、必ず「借方（左側）」と「貸方（右側）」には同じ金額を記載します。これを「貸借平均の原理」と言いますが、ここが複式簿記の素晴らしいところなのです。複式簿記の持つ機能の一つ「自己検証能力」です。

一つの取引を二つの側面から、借方と貸方に同じ金額を記載しますから、仕訳取引の総額の左側（借方）と右側（貸方）は必ず一致します。これを損益計算書（損益計算）に関わる取引と貸借対照表（財産計算）に区分しますが、取引総額の借方（左側）と貸方（右側）の合計は一致していますので、二つに区分けした損益取引と財産取引の差額概念である、利益（または損失）は、貸借対照表並びに損益計算書ともに必ず一致します。

## ③総勘定元帳の作成

これまでの仕訳を各勘定科目ごとにＴ勘定（総勘定元帳）に集計してみましょう。総勘定元帳とは、すべての仕訳（取引）を勘定科目ごとに記帳していく帳簿です（表３）。

# 表3　総勘定元帳の作成

現金

| | | | |
|---|---|---|---|
| 借入金（ゆうちゃん） | 5000 | | |
| | | 遊興費（パチンコ） | 5000 |
| 借入金（乾物屋） | 8000 | 借入金（ゆうちゃん） | 3000 |
| 雑収入 | 19000 | 遊興費（競馬） | 2000 |
| | | 借入金（乾物屋） | 6000 |
| | | 交際費 | 16000 |
| 貸付金（有山） | 3200 | 残高勘定へ | 3200 |
| | 35200 | | 35200 |

貸付金

| | | | |
|---|---|---|---|
| 期首残高（有山） | 6000 | | |
| | | 現金（有山） | 3200 |
| | | 残高勘定へ | 2800 |
| | 6000 | | 6000 |

未払金

| | | | |
|---|---|---|---|
| | | 交通費 | 3600 |
| | | 遊興費（ポーカー） | 5000 |
| 残高勘定へ | 8600 | | |
| | 8600 | | 8600 |

借入金

| | | | |
|---|---|---|---|
| | | 現金（ゆうちゃん） | 5000 |
| 現金（ゆうちゃん） | 3000 | 借入金（ゆうちゃん） | 8000 |
| 現金（乾物屋） | 6000 | | |
| | | 現金（飲み屋） | 1000 |
| 残高勘定へ | 5000 | | |
| | 14000 | | 14000 |

遊興費

| | | | |
|---|---|---|---|
| パチンコ | 5000 | | |
| 競馬 | 2000 | | |
| ポーカー | 5000 | | |
| | 12000 | 損益勘定へ | 12000 |

交際費

| | | | |
|---|---|---|---|
| 飲み屋現金払い分 | 16000 | | |
| 同上つけ分 | 3600 | | |
| | 19600 | 損益勘定へ | 19600 |

交通費

| | | | |
|---|---|---|---|
| タクシー | 1000 | | |
| | 1000 | 損益勘定へ | 1000 |

雑収入

| | | | |
|---|---|---|---|
| | | 競馬 | 3600 |
| 損益勘定へ | 19000 | | 19000 |

## 表4 じゅん正樹の決算書

貸借対照表　　（単位：円）

| | | | |
|---|---|---|---|
| 現金 | 32000 | 短期借入金 | 5000 |
| 短期貸付金 | 2800 | 未払金 | 8600 |
| 当期損失 | 13600 | 元入金※ | 6000 |
| | 19600 | | 19600 |

損益計算書

| | | | |
|---|---|---|---|
| 遊興費 | 12000 | 雑収入 | 19000 |
| 交際費 | 19600 | | |
| 交通費 | 1000 | 当期損失 | 13600 |
| | 32600 | | 32600 |

※元入金6000は有山に以前貸してあった金額

### ④決算書の作成

　これらの勘定科目を貸借対照表に関わるものと損益計算書に関わるものとに区分して、表を作成してみましょう。T勘定のうち、「残高勘定へ」の部分については貸借対照表へ、「損益勘定へ」の部分については損益計算書に分けます。

　このようにしてできあがった貸借対照表と損益計算書の利益（または損失）の額は、必ず一致します。「じゅん正樹」の決算書（表4）

　地元のカラオケスナックで聞いた「俺の借金全部でなんぼや」という問いかけに、やっと答えが出ました。じゅん正樹さん、あなたの借金は5000円、飲み屋のツケとポーカーの負け代の未払いが８６００円、従って、負債総額は1万３６００円であることを、私、公認会計士の渡辺俊之が決算いたしました。

じゅん正樹氏からのさらなる問いかけはありませんが、彼は結局いくら損したのでしょう？　損益計算書を見ればおわかりのとおり、１万３６００円の損失です。損失分がそっくり借金として残ったわけです。

## ●自己検証能力の素晴らしさ

職業会計人になって50年。「複式簿記って素晴らしい！」と実感し、それを紹介したイタリア人数学者ルカ・パチョーリってすごい人だなと思っているのですが、複式簿記そのものは、14世紀から15世紀にかけてのルネッサンス期にヴェネツィア商人によって考案されたようです。

卑近な例によってその素晴らしさを紹介するには私の説得力不足、かつ力不足でもありますが、今回の曲、じゅん正樹さんの決算書作成にあたって体験した二つの事例を紹介しながら、複式簿記の自己検証能力について考えてみましょう。

**・ミスその１　現金残高の不一致**

仕訳３と仕訳４の取引は次のとおりです。

♪そやから優ちゃんに３０００円返して、２０００円だけ競馬をやったら、１万９０００円勝ってしもうた。

♫その中から６０００円乾物屋の中西に返して、残りで飲みにいったら、３６００円足れへんかった。

ここで私は、競馬の勝ち金１万９０００円と乾物屋中西への返金６０００円の差額１万３０００円で飲み屋に行って、飲み屋の請求金額は１万６６００円だとして仕訳をしてしまいました。

**・ミスその２　貸付金の返金処理**

仕訳７は、

♪有山に６０００円貸した中から返してくれと言ったら、３２００円返してくれた。

この仕訳そのものは間違っていませんが、もともと貸してあった6000円の処理を忘れていました。

この二つのミスの結果、現金残高は6200円、貸付金残高はマイナス3200円となっていました。しかし、おかまの五郎ちゃんと朝までポーカーをやってスッテンテンになったので有山に「金返せ」となり、3200円だけ回収したのですから、現金残高は3200円のはずです。

### ・ミスその3　有山に貸した6000円の出所は？

決算書を作成している段階で、「貸借平均の原理」から導かれる複式簿記の自己検証能力から、二つのミスはすぐに発見できました。

複式簿記の自己検証能力のおかげでミスが訂正されました。

しかし、もう一つのミスは決算書作成の最終段階で気がつきました。もともと有山に貸していた6000円の残高のことを忘れてしまったために、総勘定元帳上の貸付金残高が狂ってしまったわけですが、この貸付金の出所（資金の源泉）のことまで考えないと、決算書は完成しません。このうっかり忘れの間違いも、「貸借平均の原理」から導かれる複式簿記に備わっている自己検証能力をもって初めて発見できたわけです。

じゅん正樹氏の決算書作成にあたっては、彼が持っていたお金を元入れした（出資）と仮定しました。

昨今、コンピューター会計のもとでは、取引一つ一つを仕訳日記帳に記帳するわけでもなく、補助簿等からの月一回の合計仕訳をすることが多くなります。つまり主要簿である仕訳日記帳が原始記録としての性格を失い、検証可能性は薄くなっているとの議論もささやかれています。しかし、決してそんなことはありません。

次項では、複式簿記の自己検証能力を別の角度から取り上げつつ……というより、〝説明簡便性〟とでも言えるかもしれない特性も取り上げつつ、さらに、複式簿記のもう一つの機能である遡及《そきゅう》可能性《かのうせい》について考えてみたいと思います。

# 俺の借金全部でなんぼや？――複式簿記って素晴らしい　その2――

## ●複式簿記の持つ遡及可能性

### ①不動産の売却資金の行方と社長解任劇

　ある中小企業の経営者が解任されました。その原因はいろいろではあったものの、不動産売却資金の行方が十分に説明しきれないまま、役員会内部での疑心暗鬼が生じてコミュニケーション不足も加わり、結局は不動産売却資金背任横領の濡れ衣となり、その社長は会社を出て行かざるを得なくなりました。

　私も含め職業会計人は、このような場合でも全く慌てません。総勘定元帳を遡《さかのぼ》っていけば、すぐに解明できることがわかっているからです。ところが、簿記の知識のない経営者は、契約書やら預金通帳を見ながら過去の取引を思い出そうとします。またこの経営者は、不動産の売却資金の処理についてはなんら問題なく処理していたという自信から、特別に問題視していませんでした。しかし、売却時点から時間が経っていたことと、あちこちに資金移動していたために、なかなか回答できないまま時間が経ち、内部からの不信感を増幅させてしまいました。

役員からの不信感が増幅してしまった後にこの話を聞いて、私は過去の総勘定元帳を遡っていき、その全容を解明してあげました。ただ、責任を追及していた他の経営陣もすでに喧嘩状態で上げた拳を降ろすことができず、内心は納得したものの結局喧嘩別れの結末を迎えてしまったわけです。

お互いに会計の知識があり簿記の持つ遡及可能性のことがわかっていれば、こんなことにならなくて済んだのにと悔やまれます。この会社の場合、当時の様子を知る経理スタッフが退社してしまっていて事情のわかる者がいなかったことも、運が悪かったのかもしれません。

## ②借地権勘定、のれん勘定、長期貸付金勘定

上場会社ではあり得ない話が、中小企業の経理の方とお付き合いしているといろいろと遭遇してしまうこともあります。いくつかの事例をご紹介しましょう。

### ・3万円の借地権勘定

都心にビルを保有している某会社があります。貸借対照表の資産の部に借地権3万円と記載されています。戦後間もなくから存在する歴史の長い会社です。私どもが関与を始めた時からこの借地権勘定3万円が気になっていましたが、経営陣に聞いても誰もわかりません。決算書と総勘定元帳さえあれば、この借地権勘定がいつ発生したかがわかるのですが、せいぜいこの20年くらいの分が保存されているだけでした。

会社法上は商業帳簿の保存期間は10年ですから、法令違反にはなっていません。しかし、決算書と総勘定元帳ぐらいは永久保存しておいてもらいたいです。

複式簿記の持つ遡及可能性も、そのもととなる総勘定元帳がなければ、発揮できません。借地権が発生した年度の決算書と総勘定元帳さえあれば、相手勘定が判明し、取引の全容を思い出すことができるのです。

### ・のれん勘定

最近関与を始めた企業の税務会計の話です。その会社は、数億円のデットエクイティスワップ（債務の株式化・ＤＥＳ）による増資を実行し、自己資本の部を厚くして、その後、債務超過会社を合併し、財務の健全化をし終えました。

合併を進めた際、存続会社の貸借対照表に計上されていた「のれん勘定」が気になりました。社長等に聞いてもわからないと言います。中小企業は経理処理を会計事務所任せにしている場合も多いため、会計事務所が替わってしまうと社内の誰も事情がわからなくなってしまいます。

この会社の場合は、決算書と総勘定元帳が古くから保存されていたため、のれん勘定の発生年を突き止め、その年の総勘定元帳から、超過収益力を示すのれん（会社法施行前の営業権）の発生年月を解明しました。

この段階でようやく社長も昔のことを思い出してくれました。昔にも合併があったのです。その時に発生したのれん勘定が、それだったのです。複式簿記によって作成された総勘定元帳の遡及可能性のおかげで、税務、会計上の問題点の存在の有無をひもとく端緒が見えたのでした。

### ・長期貸付金、長期未払金

これも中小企業の経理の話ですが、古くから金額が一定のまま存在する長期貸付金や長期末払金を見かけることがあります。これらも、担当者の退職や旧経営陣からの引き継ぎで、その内容がわからなくなってしまっていたものです。この内容も、いつ金額の移動があったのか遡っていけば、速やかな措置ができるはずです。

今説明している複式簿記ではなく、単式簿記の世界である公会計の分野はどうなっているのでしょうか？　こちらも、記録さえ残っていれば、当然に取引内容の遡及は可能です。しかし、ここ数年のある行政区の包括外部監査というごく限られた経験からの感想ではありますが、過去の取引の訴求はなかなか困難を伴っています。

まず、お役所は担当者がころころ変わるということ。担当者のファイルの中にその記録がなければ、そして記憶になければ、訴求に時間がかかること。従って、膨大な保存記録資料から目的の取引内容がわかる資料にたどり着くまで大変なことなどがあるのです。

複式簿記を使っていると組織的にも大規模な上場会社の監査の場合であっても、総勘定元帳という手掛かりはすべて同一に保有しているため、必要とするデータへのさかのぼりが容易です。

まあ、私たち公認会計士が公会計の帳簿組織に不慣れという点があるにせよ、手掛かりをつかむうえでは総勘定元帳は群を抜いています。つらつら考えていくに従って、「複式簿記って素晴らしい！」という思いに、カラオケを聞きながらでもますます感じいってしまうわけです。

## ●複式簿記の説明簡易性

会計の仕事に携わっていると、事実関係把握のために実にさまざまな方たちからお話を聞きます。難解なお話やら、回りくどい説明やら、整理されたお話やらさまざまです。事実関係の的確な把握のためには、聞き出す側のヒアリング能力も磨かねばなりません。

耳で聞いただけでは理解は半分。同じ資料を見て、聞いて、触った話を、自ら反復し、そして同じ事実関係の話を共有して初めて的確なアドバイスができます。話が整理されていないと、複雑な事実関係の把握に1時間以上費やしてしまうこともザラです。

複雑な内容でも、図解されていたりして相互の関連が把握しやすくなっていれば、半分の時間で済むこともあります。また、現場を知っているか、現物を見たことがあるか、そして相続等の場合は親族間の人間関係や性格等も重要な判断材料となります。

上場会社等の公認会計士監査を受けている会社の場合は、取締役会説明資料やら稟議決済等説明資料としてわかりやすい資料が存在していますので、説明を受ける側も整理済の資料があるため割合と事実関係の把握がしやすいといえますが、逆に取引自体が極めて特殊で専門的すぎて理解が追いつきづらい部分もあります。法律的知識が前提となった会計処理への反映も、たくさん存在します。

私はある上場会社の社外監査役を務めていますが、この会社には社外取締役と社外監査役、それぞれ弁護士が一人ずつ、そして公認会計士たる社外監査役がいます。会計、税務、法律の専門的知識を絡み合わせても複雑な取引が世の中にはたくさん存在します。

世の中の経済事象はますます複雑化してきており、その事実関係を把握するのもなかなか話を聞いただけでは、ピンとこない部分もあります。

何を言いたいのかというと、これらの難解な事実関係も、複式簿記の世界の「仕訳」という借方と貸方の左と右に表示される取引に落とし込まれると、実に簡単に説明されてしまうということです。1時間かけてヒアリングした複雑な内容の話も、数行の仕訳に表示され、「なんだこういうことか！」と、会計がわかった人間には理解できうる話になるのです。

ですから、まず最初に仕訳を見せてから話し始めれば、１時間の説明が10分で済むかもしれません。

政治家やマスコミ、学者、そして一般社会人にもこの複式簿記的世界観を身につけていただくと、要件事実的世界観での状況把握では見い出せなかった隠れた事実関係が、浮かび上がってくることでしょう。

この発想は一般社会にも当てはまります。バランスシートに載せる取引には右（貸方）があれば左（借方）があるという考え方が自然と身につくと、人間関係も同じと気が付きます。ある人と友人になれば仲間という資産ができる反面、その人に対する恩義という負債も発生するのです。

トランプ大統領と習近平《しゅうきんぺい》氏との間で繰り広げられている米中貿易摩擦問題も原因と結果に分けて、すなわち、人間関係も取引関係を複合仕訳に起こしてみると隠れていた事象が見えてきて、解決の落としどころが浮かび上がるかもしれないのです。

会計の世界に足を踏み入れて50年。「複式簿記って素晴らしいな！」と、ますます感じいっています。そして、お金を企業や個人事業者等の金庫や財布の中から覗いていると、いろいろな興味の尽きない問題が浮かび上がってきます。このあたりを次項では考えます。

## 埋蔵金はなぜできるのか？ ―徳川埋蔵金伝説から霞が関埋蔵金まで―

〝財布の中身から人を見る職業〟について50年。公認会計士や税理士といった職業会計人からすると、人のお金の多寡はまったく自分のものではないが故に極めて客観的で、別な言い方をすれば無味乾燥に見えてしまうこともあります。

とはいえ財布の中から、あるいは金庫の中から人間観察をするというのも興味の尽きないテーマなのです。「人はたまったお金をなぜ隠したがるのか？」、また、たまってしまったそのお金についても考えてみたいですし、なぜそのようなお金がたまるのか、その構造も考えてみましょう。

### ●趣味の会等の埋蔵金

趣味やスポーツの世界では実にさまざまな同好会等が存在します。ゴルフの会、音楽関係のサークル、勉強会やら研究会でのサークル等。私が関係しているものでも、活動停止中のものまで含めれば数え切れません。

そして、活動資金捻出のため徴収された会費や事業ごとに徴収された特別会費等も、イベントでの余剰金等も、年数を経るほどにたまっていきます。日本国中に数千万と存在するかもしれないこれらインフォーマルな会合の残高の会計報告をしたら、莫大な金額になるはずです。これも私は埋蔵金の一種と考えます。

中でも、活動停止している会の会費こそ、真の埋蔵金でしょう。これらのお金はどうなっていくのでしょう？　最後に生き残った人間のみが知ることですね。

職業会計人が主催している会合ですと、職業柄、定期的に会計報告がありますが、ルーズな人が多いと困ることになりそうです……。

## ●一般家庭の埋蔵金

一般家庭ではいわゆる「ヘソクリ」が埋蔵金にあたるのでしょう。こちらは、みなさんの妻（または夫）のみが知るところです。

私たち職業会計人は、相続税の申告で申告除外されてしまった預貯金が税務署の調査によって発覚する場面に時々遭遇します。その際必ず問題になるのが、家族名義の預貯金です。生前に奥さん名義や子供、孫名義の通帳を作成しているケースが多いですね。必ず税務当局と揉めます。説明がつかなければ、相続財産にほとんど加算されますので、気を付けましょう。まあ死亡直前3年間ほどの預金通帳の大きな動きには注意しましょうね。

## ●一般企業の埋蔵金

会社の埋蔵金というと違和感がありますが、いわゆる「隠し金」が埋蔵金にあたります。これは昔に比べたら激減しているはずです。まず、景気が悪いため、次にコンプライアンス意識が大手企業になればなるほど向上していることがその要因です。

まあ、隠したい金もないというのが実態かもしれませんが、昭和の終わりから平成の初期、バブル経済華やかりしころに土地バブルで狂乱して地価が高騰した時は、とんでもない輩が存在していたことも事実です。

それはなぜか？　人は突然に大金をつかむと隠したがるんですね。あるいは派手に使ってしまうのです。そして節税をしたがる。節税ならまだしも脱税まがいのことまで考える。

私が住み、かつ事務所を置いている東京都港区にも、バブル期は街ごと地上げに遭い、かつての街並みがそっくり消えてしまったところもあります。あの当時、私は何十件もの譲渡所得の申告をしました。みんな節税、節税といって、また自社の商品を売りたいがために、その節税を勧める不動産会社や建設会社、金融機関もいて、事業用資産の買い換えや居住用資産の買い換えで都心から首都圏、そして札幌、福岡と地価が高騰していきました。

私の事務所のクライアントも地方に数えきれないくらいのマンションを購入したものでした。その後地価は下がり、今でも含み損を抱えて苦労しているようです。結局は、何もしないで税金を払った人が、今もゆったり生活しているのですね。でも、そういう方は当時ほとんどいませんでした……。

## ●公益法人等の埋蔵金

### ①特定目的引当預金

公益法人の埋蔵金というと聞こえが悪いので言い換えます。「特定目的引当預金」とでも言っておきましょう。現在、民法34条による公益法人は存在しなくなりましたが、従来からあった多くの公益法人には税制上の恩典もあってか、会館建設引当預金とか、××周年事業引当預金とかの「特定目的引当預金」が多数存在します。これらはもちろん目的があって存在しているわけですが、旧制度の時にあった内部留保基準に引っかからないようにするために設置したものもあります。こうなると、目的があるようで無い、まさに〝埋蔵金〟に近いものになってきます。

### ②特別会計

公益法人には実にたくさんの特別会計が存在します。国等からの補助金を受けるにあたって、特別会計の設置を義務付けられ、別管理を要請されて特別会計を設置する場合もあります。

私は、この特別会計こそが埋蔵金発生の根源であると最近つくづく感じています。

### ③支部会計

全国的な活動をしている公益法人は、さまざまな形の支部を有しています。完全に同一法人の支部として機能し、会計的にもすべての支部を結合して一体で決算を行っている法人は、旧制度の時は案外少なかったのかもしれません。

例えば、事業計画や事業予算の立案も支部が行い、人事権や財産処分権そして監査権限も支部が持っているような、いわば各支部が半ば独立した形態をとっている法人。連合会形式でそれぞれの支部は完全に別人格にされている法人。支部と言っているものの、実態は全く別の組織の一部として活動している法人など……。

そして、支部の下にさらに分会があるケースも多いです。このような法人にも決算書に表れない、すなわち渡し切りになっているお金（たとえば支部交付金等）が存在するケースを見かけます。そしてそのお金が残ってしまうのです。

公益法人制度改革を受け、全組織の結合計算書を作るところが増加していますが、本部の計算書にオンバランスしていない資金が結構あるものです。本部の下の支部の、またその下の分会までいったら、どのくらいのお金が残っているのでしょう？

まあ、多くの組織がそうかもしれませんが、オンバランスしていても活動が不活発であればあるほど本部から交付された資金が留保されていき、結構な資金が滞留しているのです。これらも埋蔵金と言って差し支えないでしょう。

### ④研究会

公益法人は、その公益性故に学術団体の活動のお世話をしたり、業界団体の活動のお手伝いをさせられたりしています。また、学者グループの研究活動の資金等の管理もする羽目になっています。これらは、直接的に法人の会計と関係ない場合は〝人格なき社団〟の活動として税務署へ届け出られ、運営されているケースもあります。従って、実態としては公益法人の活動資金ではなく、この〝人格なき社団〟の活動資金と言えます。これも場合によってはかなりの金額になっています。

使われている以上は埋蔵金とは言えませんが、その団体等のお金はその法人が決算上も受け入れるべきものなのか、別人格のものとすべきなのか、判別の難しいものがあるのも事実です。

## ●霞が関埋蔵金

霞が関埋蔵金という言葉がクローズアップされて久しいですね。まあこれは、国の一般会計とは別の特別会計（企業特別会計1・保険事業特別会計7・公共事業特別会計1・行政的事業特別会計4・資金運用特別会計2・その他特別会計3・平成22年度合計18）があり、そのうち資金特別会計の中に、財政融資資金特別会計（財融特会）と外国資金特別会計（外為特会）とがあります。この中に、埋蔵金と称される多額の資金が眠っていると言われているのです。

特別会計は国が特定の事業を営む場合、あるいは特定の資金を保有してその運用を行う場合、その他特定の歳入をもって特定の支出に充て一般の歳入歳出と区分して経理する必要がある場合に限り、法律をもって特別会計を設けることができるのです。

外国為替資金特別会計の場合など、あまり為替介入などなければ、20兆円といわれるその金額が「埋蔵されている！」と目についてしまうわけですね。

公益法人の特別会計のところでも触れたように、埋蔵金問題の根源は特別会計にあると考えています。そしてそのまた根源は、予算準拠主義にもとづく予算内決算にあります。

## ●本当の埋蔵金（業者預け金）

地方公共団体の会計にまつわる新聞報道などによると、以前、地方公共団体等が物品やサービスを購入する際、使い切れない予算を消化するために〝預け金〟と称して納入業者へ資金を留保していた事件が多発しました。「業者預け金」でインターネット検索しただけでもかなりの不正事件が引っかかります。そうです！　諸悪の根源は予算準拠主義に基づく予算内決算にあるのです。

ただ、新公益法人会計では、予算書は内部管理事項とされ、財務諸表の体系からは外れました。そして予算準拠主義に基づく予算内決算の考え方にも変化が見え始めています。

## ●徳川埋蔵金伝説

江戸城無血開城のころにさかのぼる徳川埋蔵金伝説は、テレビ放映をきっかけに有名になりました。幕府再興の軍資金を隠匿《いんとく》しているはずだとして小栗上野介《おぐりこうずけのすけ》が疑われたりしています。当時財政難に喘《あえ》いでいた明治新政府としては、幕府御用金を資金源としたかったようで、そこから埋蔵金探しが始まり、いまだにそれを信じて探している人がいるというから驚きです。

埋蔵された額はおよそ360万から400万両と言われていますが、この額の根拠は、勝海舟の日記に「軍用金として360万両あるが、これは常備兵を養うための金で使うわけにいかない」と記載されていたところからだそうです。

とまあ、いろいろな埋蔵金を見てきて思うこと……「人間の欲望にはキリがない」、これにつきますね。誰でも万が一の時には備えておきたいのです。余分なお金が突然入ってくると、派手に使いまくる人もいますが、別の財布にしまっておきたいというのも人の心理です。

また、使途や目的を特定された資金（例えば特別会計や、特定目的引当資産等）については、当然、他に流用できませんし、取り崩しにも制約がありますから、結果としてためこまれてしまう。そして徐々にいわゆる埋蔵金と言われても仕方がないお金ができてしまうのです。

ですから、眠ったままの剰余金が20兆円もあることがわかると、国会で「他の目的には使わせない」と言い張っても、各省庁が「こっちに使わせろ！」と、当然なります。

一般企業はお金に色は付けていません。「お金に色は付けないほうが良い!!」これが私の、公会計や公益法人会計に長年関与してきた職業会計人としての偽らざる心境です。

## 安土桃山時代の高度経済成長と簿記技術発展との関係

以前、行きつけの沖縄料理店の常連で、上場会社の社長でもある方と飲みながら楽しく議論したところ、後日、面白い資料をわざわざ送っていただきました。それは堺屋太一氏の『歴史からの発想―停滞と拘束からいかに脱するか』（日経ビジネス人文庫）という書籍の抜き書きでした。

社長は会計にも造詣が深く、公認会計士監査も受けており、会計の重要性や複式簿記の原点などについて、沖縄料理店で話が膨らんでいったわけです。彼は秀吉の太閤検地の話やら小田原城攻めにおける在庫の概念、近江商人が経理技術の進歩に果たした役割等を熱く語ってくれました。

送っていただいた資料を読み、早速、同書を購入して一気に読了しました。ここでは、「日本の高度経済成長の原点は16世紀後半の豊臣秀吉の時代の経理技術の偉大な進歩にあったのだ！」という話をしてみたいと思います。

## ●安土桃山時代は長期高度成長時代

堺屋太一氏の『歴史からの発想』によると、日本において長期にわたる高度経済成長の時代は三つあったそうです。最近では太平洋戦争以後、その前は大正・昭和初期の重工業勃興期、そして16世紀後半です。

この16世紀の各産業（陶磁器、繊維、薬品、醸造、木工等）の発展は目覚ましかったそうで、特に著しいのは鉄砲生産等の金属工業だったそうです。16世紀初頭から太閤検地の行われた16世紀末までに日本の農業生産力は2～2・5倍にも増加し、産業革命以前において農業生産がこんなに伸びた例は世界でも珍しいとのこと。関ヶ原の合戦で東西合わせて5万挺の鉄砲が一戦場に集結したという事実は、ナポレオン戦争以前の世界では例がなく、16世紀末の日本は極めて高い工業技術をもった先進工業国だったようです。

そういえば数年前に社員旅行で行った石見銀山も、1584年（天正12年）に毛利氏から豊臣秀吉の管理下に置かれましたが、当時の世界の銀の3割を産出していたといいますから、凄いことです。

## ●高度経済成長を支えた経理技術の偉大な進歩

この長期経済成長を支えた要因は何だったのでしょうか？　織田信長の時代に兵農分離がなされ、主計将校団の組織が芽生え、豊臣秀吉の時代に常任の輜重隊《しちょうたい》（「荷駄者《にだもの》」とも）と主計将校団が組織化されました。1590年の小田原攻めで豊臣方の兵糧《ひょうろう》が尽きなかったのは、独立した主計将校に指揮された輜重隊から続々と補給を受けていたからだとされています。

そして、日本最初の主計出身の将軍たる増田長盛《ましたながもり》、長束正家《なつかまさいえ》らがそれら補給の任にあったということで、前線に出ることの少なかった彼らをもって家中最高の地位に就けた秀吉がいかに輜重と主計を重視したのかがわかります。

長束正家は高い計算能力を買われて財政を一手に担い、豊臣家の蔵入地の管理と太閤検地を実施しました。増田長盛とともに近江国の出身ということですから、その財政術は近江商人のそれだったとも言えるでしょう。この主計将校団の組織の独立は簿記経理術の飛躍的な進歩が基盤となっているとのことです。

信長による度量衡《どりょうこう》の統一や貨幣の統一という画期的な施策は数量観念の発達を促し、帳簿の技術も発達しました。16世紀後半には、単純発生別記帳から事項別に帳面を分ける優れた方法が導入されたのだといいます。堺屋太一氏によれば、「この仕分別《しわけべつ》記《き》帳法《ちょうほう》を用いれば項目別残高の概念、不良債権把握、債務の廃棄、損耗《そんもう》などが解明できるとしており、戦国時代の簿記方法は、今日の日本の官庁会計の源流といってよいと言っています。

　私ども職業会計人からすると、やや説明不足の気がするわけですが、まあ、とにかくこれらの経理技術の著しい発達は信長の近江占領後のことで、この経理技術に長けていた増田長盛、長束正家、石田《いしだ》三成《みつなり》、藤堂高虎《とうどうたかとら》らはすべて近江人ということは注目です。これらの技術を太閤検地等によって普及させたのも近江人でした。大坂城のような巨城を建てられたのも、20万もの大軍に過不足なく糧秣《りょうまつ》（兵士の兵糧と軍馬の馬草）を配ることができたのも、この経理的技術があったればこそだと言っています。
仕分別記帳方法の採用は、「20世紀後半におけるコンピューター管理にも優る衝撃的な事件だ」とまで堺屋太一氏は言っています。

　私としては、今日の日本の官庁会計の源流が、安土桃山時代の事項別の仕分別記帳法、言葉を現代風に言い換えれば、国・地方公共団体や公益法人等の特別会計にあるとするならば、特別会計や予算準拠主義こそ、根雪のように残ってしまう埋蔵金的金員が発生してしまう元凶だと言いたいのです。このことは、前項で紹介したとおりです。

## ●豊臣秀吉の偉大さと財務担当役員の重要性

ここで私が言いたいのは、経理的基礎をしっかり持った領地経営コンサルタントでもあった増田長盛、長束正家、石田三成、大谷吉継《おおたによしつぐ》、細川忠興《ほそかわただおき》ら主計を重んじた豊臣秀吉の偉大さです。彼らは、現代風にいえば一部上場会社の財務経理総務担当取締役といったところでしょうか。

度量衡の統一、貨幣の統一、太閤検地、楽市楽座等を通じての数量観念の発達が、簿記的経理技術の飛躍的発展に結びついたのです。そして16世紀末の太閤検地から17世紀末までの一世紀間で当時の日本の国民総生産は3倍になったと見られています。明治維新以前において、これほど急速な経済成長を成し遂げた時代はなかったといわれています。

しかし、簿記的技術の発展といっても、まだ単式簿記の域を出ていません。映画化された『武士の家計簿―「加賀藩御算用者」の幕末維新』（磯田道史著・新潮新書）に登場する猪山家は加賀百万石の算盤係（御算用係）で、会計処理の専門家であり経理のプロでもあります。ただ、単式簿記でしたけれども……。

さて、ヴェネツィアの商人が始めた複式簿記は、この当時存在はしていました。ただ、日本ではポルトガルの宣教師によって紹介されたものの普及はしませんでした。また、江洲の『中井家帳合の法』のように総勘定元帳的大福帳に基づく貸借対照表や損益計算書的なものが存在し、日本流複式簿記がありましたが、西洋の大陸式複式簿記ではありません。日本への導入は、明治６年（１８７３年）に、福澤諭吉がアメリカの簿記教科書を翻訳した『帳合之法』の刊行まで待たなければなりません。個人的には、せめて江戸時代の前期にでも西洋大陸式の複式簿記が伝わっていれば、日本の経済発展もまた別な展開をしたのかもしれない、と思うと残念でなりません。

軍事的必要性からさまざまな技術革新や管理技法が高度に発達する事例はいつの時代にも当てはまります。しかし、目立った軍役がなく平和だった江戸時代では、たとえ複式簿記の技法が紹介されていたとしても、それが受け入れられ、普及する下地はなかったかもしれませんね。

## 釣銭の計算方法と複式簿記の関係 ―複式簿記って素晴らしい　その3―

「ヨーロッパが生んだ最大の発明の一つは、複式簿記である」と言ったのは、ワイマール公国の財務大臣でもあった文豪のゲーテです。『ヴィルヘルム・マイスターの修業時代』という作品の中で触れています。そしてヨーロッパ文明がアジア文明に勝ったのは、この複式簿記の存在があったからだともいわれてます。

ではなぜ、ヨーロッパでは複式簿記が浸透していったのでしょうか？「会社が倒産した時、複式簿記の帳簿を裁判所に提出できない経営者は死刑に処する」―実は、こんな恐ろしくてすごい法律がフランスにはあったのです(サヴァリー法典・１６７３年制定)。この死刑条項はナポレオン法典（１８０４年・フランス民法典）では削除されていますが、これほど徹底していたからこそ、複式簿記があっという間にヨーロッパ各地に広まっていったのかもしれません。

ところで、日本の帳簿の技術は16世紀後半に発達したと前項で触れましたが、ヨーロッパのように複式簿記が発達することはあの時代にはありえなかったのではとの思いがあります。なぜなら、それはこの項のテーマである「日本人の釣銭の計算方法と欧米人の釣銭の計算方法の違いと複式簿記の関係」がヒントになるからです。

その話を始める前に、サヴァリー法典ではなぜ死刑条項まで要請したのかを見てみましょう。

## ●ルイ14世の女性好きと複式簿記の関係

フランスのルイ14世は、こよなく女性を愛したようで、たくさんの愛妾《あいしょう》もおり、その影響がかなり強かったようです。貴族たちを強く統制するためとはいえ、壮麗なるヴェルサイユ宮殿を建造したり、愛人が変わるたびに浪費度合いを拡大していきました。モンテスパン侯爵夫人への寵愛《ちょうあい》から始まった、ルイ14世の治世最大のスキャンダル「黒ミサ事件」も、サヴァリー法典の制定後に起きています。

また当時のフランスは、多年の戦費とフロンドの乱により財政が悪化し、産業も不振で、加えて破産、とりわけ詐欺破産、財産隠匿といった不正が横行していましたから、法律をもって信用制度を回復し、民力増強を図ることが急務とされていました。

ここで登場するのが、大財政家のコルベールです。彼は財政の立て直しと、詐欺破産や財産隠蔽防止を図るための商法の整備に着手し、それに参加したのが、ジャック・サヴァリーでした。「サヴァリー法典」とは、彼の名前からの命名です。

さて、私たち職業会計人がサヴァリー法典を会計史上画期的なものとして扱っているのは、商業帳簿および財産目録の規定が近代国家の法令のなかに置かれたこと、そして近代国家の法律上に「複式簿記」の文言が初めて現れたからなのです。

まあ、ルイ14世の女性好きがもたらした財政悪化を遠因として複式簿記が制度化されたと、勝手に推測してみたわけです。

## ●複式簿記の発明過程の推測

複式簿記が完成するまでには多くの時間を要したようですが、どういう思考過程で出来上がっていったのかについて、リトルトンの『会計発達史』等を参考に推測してみましょう。

1　貨幣経済が主役になると商人間の信用取引増大

2　貸付金や売掛金の確実な残高把握の必要性の増大

3　単なる備忘記録から帳簿記帳の必要性→実在勘定（債権、負債、資本の勘定）の発生
4　帳簿の記入形式は、当初は上下分離の「垂直方式」での消し込み作業で記録抹消
5　分割払いが出てくると上下分離の「垂直方式」の消し込みでは不便となり、左右分離の水平方式に変化（すなわち反対配置による減算方式）
6　貸借関係の整理を繰り返すうちに、ある一定の法則に気がつく
7　貸付金の増加には現金が減少、借入金の増加には現金が増加するように一つの取引には二つの勘定が増減することに気がつく
8　つまり財産の増減には原因と結果の両面の事実があるということの気付き→この後、名目勘定（財産増減の原因を示す収益費用の勘定）の発生へと進展か？
9　この原因と結果の因果関係を同時に把握する方法・技術を体系化し、損益計算書と貸借対照表を同時に作成できるようにしたのが、複式簿記である

取引が活発になると物々交換だけではその決済の仕方に限界が生じ、取引拡大にとっては障害となります。経済を高度に発展させたのは信用制度のお陰でしょう。その商人間の売掛金や買掛金の残高把握の必要性から、長い時間をかけて財産計算と成果計算の両者を

同時に行えるような見事な計算体系である「複式簿記」が完成していったといえます。

複式簿記は、すべての取引を原因・結果の水平方式（借方と貸方）に分析して記帳し、左側である借方合計と右側である貸方合計は常に一致する貸借平均の原理から試算表ができ、結果として記帳の正確性が検証可能となります。そして、総勘定元帳に基づいて貸借対照表や損益計算書が作成できます。このあたりの具体的な計算方法、そして複式簿記の持つ検証可能性の素晴らしさについては、「俺の借金全部でなんぼや？—複式簿記って素晴らしい　その1と2—」（72ページ〜92ページ）をご覧ください。

公会計である官庁会計は最近まで単式簿記でした。原因または結果の単記帳です。貸借平均の原理が働かないから試算表の作成は不可能ですし、貸借対照表の作成は仕訳という取引記録からだけでは誘導的に作成されません。棚卸しの実施が必要となります。公会計にも日々仕訳による複式簿記の導入が必要であるということは折に触れ述べていますが、再度書きます。

## ●釣銭の計算方法と複式簿記の発生過程との関連

さてここから、〝日本人の釣銭の計算方法と欧米人の釣銭の計算方法の違いと複式簿記の関係〟の話に移ります。

ヨーロッパ等を海外旅行したことがある方は、その時に買い物をしたときの現地の釣銭の数え方を思い出してみてください。

西洋式釣り銭計算では、品物の代金に釣り銭の額を足して、その合計額を買い手の出した高額紙幣に一致させることによって釣銭を数えています。一方、日本人が買い物をした時の釣銭の計算思考は、買い手の出した高額紙幣の金額から商品の代金額を引く方法です。

中世イタリアに端を発した洋式複式簿記では、a－b＝xという形ではなく、a＝b＋xという形で勘定記入をします。これを「加法的減算《かほうてきげんさん》」と言うそうです。つまり西洋式釣銭計算方式です（安岡重明・天野雅敏編『日本経営史１・近世的経営の展開』岩波書店より）。

「加法的減算」？　ややこしくなりましたが、数学の世界の話です。世の中の数字には、加法性のあるものとないものの二つがあり、柔道や囲碁・将棋の段位の数字には加法性はなく、２段と３段を足して５段としても意味がありません。一方、物質や量のように足し算できるような場合の数字には「加法性」があるというのだそうです。

加法的減算とは、左右水平の二面を右側と左側にわけ、取引ごとの差引き計算は行なわず、反対側に記入することで間接的に計算を行って、残高はどれくらい加えれば左右の金額が一致するかを計算することによって、差引き計算と同じ結果を得ようとする計算方法です。つまり加法的減算方式が根底にある複式簿記は、西洋だからこそ誕生したとは思いませんか?

日本人的感覚からすれば、中世イタリア人は、計算能力の弱さを補う必要から加法的減算を応用して貸借を平均させる左右対称の記録を発明したのかもしれない、と勝手に考えるのです。ということで、日本的釣銭計算方式の発想からは複式簿記は発明されなかったであろうと、私は自らを慰めているわけです。

また、別な理由も推測できます。日本語やそのもととなった中国の文字は縦書きです。水平方式あるいは両側方式の思考過程から発展する複式簿記という計算方式は、垂直方式の日本の文字からは出てこなかったであろうということです。

## ●江戸時代の日本に複式簿記が導入されていたら、世界経済の勢力図も違っていた？

フランスにおいては、複式簿記は詐欺破産や財産隠匿といった不正に対して法律をもって信用制度を回復し、民力増強を図るために導入が急務であり、企業を詐欺破産や財産隠匿から守ることを目的としたサヴァリー法典の計算ツールとして採用されました。従って、複式簿記はビジネスによって利益を出すためにつけるもので、財産隠匿等をすれば死刑に処されたわけです。

「複式簿記はビジネスによって利益を出すためにつけるもの。だから家族で支出した家計分は経費にするはずがない。日本は複式簿記が導入される前に、国家による財源確保のために所得税採用。帳簿をつけるのは税金のためという考えになってしまった」と、大武健一郎氏は『日本経済を救う税金の話をはじめよう』（かんき出版）という書籍で述べています。

日本では、明治になってから福澤諭吉の『帳合之法』によって、複式簿記が紹介されました。もし複式簿記が江戸時代に導入されていたら、世界経済の勢力図における日本の地位も大きく違っていたであろうし、そうでなかったことが残念であると私は前項で述べました。

徴税のツールとして導入された日本の複式簿記です。今でも中小企業の多くは、「税務署さえ文句を言わなければよい」という考え方が支配的になっています。つまり税務会計という考え方です。これは中小企業を指導する職業会計人がむしろいけないので、上場会社等の行う企業会計と、中小企業の行う会計は、その基準も違ってもいいじゃないか、との考えを多くの職業会計人が持ってしまっています。

ゲーテをして「ヨーロッパが生んだ最大の発明の一つ」と言わしめた複式簿記。そして信用経済の発展とともにますますその役割の重責を担い、産業革命によって固定資産会計の重要性が増してゆき、大きく発展していった複式簿記。これらの長い歴史の過程で複式簿記がアジアの地域、特に日本に根付かなかったというより、見向きもされなかったのは非常に残念であります。

現在は世界遺産にもなっている石見銀山の銀産出量は、当時の世界全体の3分の1を占めていたというし、高度経済成長の時代であった安土桃山時代には経理技術の偉大な進歩があったのも前項で書いたとおりです。

世界の銀産出量の3分の1をも占めていた、当時の日本の鉱業技術の素晴らしさ。これを経理面から支えるインフラとして複式簿記が加わっていたなら、日本民族の優秀さからして、日本発の産業革命があってもおかしくはなかったのではないかとの思いが湧いてくるのです。

## 公会計に複式簿記を！ ―複式簿記って素晴らしい その４―

72ページ「俺の借金全部でなんぼや？―複式簿記って素晴らしい その1―」で私の経験を織り交ぜながら複式簿記の素晴らしさを説いたわけですが、実はまだ物足りなさがありました。なぜ公会計に複式簿記が必要なのか、私ども職業会計人にはわかりきっていて自明のことでも、いざお役人にその必要性を説こうとすると、どうも説得力が足りない。そのあたりのジレンマに向き合う意味でも、もう一度複式簿記について書きます。

## ●素晴らしき複式簿記の再認識

さて、複式簿記という企業会計は、経済発展の変貌とともに、それに対応した形で変化を遂げてきた歴史的背景があり、かつまだまだ変化し続けています。そして公会計においても、貸借対照表の重要性との関わりから、複式簿記化への道を歩み始めています。そこで、72ページで紹介したあの曲、『俺の借金全部でなんぼや』（286ページQRコード2）の取引を、まず、単式簿記で記帳したらどういうことになるかを考えた上で、複式簿記の素晴らしさを再認識してみたいと思います。『複式簿記のサイエンスー簿記とは何であり、何でありうるか』（石川純治著・税務経理協会）の考え方をヒントに、私なりの説明をしてみましょう。

『俺の借金全部でなんぼや』の歌詞に出てくる複式取引（76ページ）を再び記しつつ思い出してみます（表5）。

## ●単式簿記であえて記帳してみる

次に、これらの取引を単式簿記で記入してみましょう。現金出納《げんきんすいとう》帳《ちょう》形式《けいしき》で作ればよいのですから簡単です（表6）。

## 表5 「俺の借金なんぼや」仕訳2

【仕訳１】お好み焼き屋のゆうちゃんから、5千円借りてきて、

| | | | |
|---|---|---|---|
| 現金 | 5000 / | 借入金（ゆうちゃん） | 5000 |

【仕訳２】全部パチンコで負けてもたから、乾物屋の中西に8千円借りた

| | | | |
|---|---|---|---|
| パチンコ遊興費 | 5000 / | 現金 | 5000 |
| 現金 | 8000 / | 借入金（中西） | 8000 |

【仕訳３】ゆうちゃんに3千円返して、2千円競馬をやったら、19,000円勝ってしもうた。

| | | | |
|---|---|---|---|
| 借入金（ゆうちゃん） | 3000 / | 現金 | 3000 |
| 競馬遊興 | 2000 / | 現金 | 2000 |
| 現金 | 19000 / | 雑収入（競馬） | 19000 |

【仕訳４】6千円乾物屋の中西に返して、残りで飲みにいったら、3,600円足れへんかった。

| | | | |
|---|---|---|---|
| 借入金（乾物屋中西） | 6000 / | 現金 | 6000 |
| 交際費 | 19600 / | 現金 | 16000 |
| | / | 未払金（飲み屋つけ） | 3600 |

【仕訳５】明日払うわ！言うて帰りに車代千円借りた。

| | | | |
|---|---|---|---|
| 現金 | 1000 / | 借入金（車代飲み屋より借入） | 1000 |
| 旅費交通費（タクシー代） | 1000 / | 借入金（飲み屋） | 1000 |

【仕訳６】おかまの五郎ちゃんと朝までポーカーやる。結局5千円負けてしまった。

| | | | |
|---|---|---|---|
| 遊興費（ポーカー代） | 5000 / | 未払金（くんちょう&おかまの五郎） | 5000 |

【仕訳７】有山に6千円貸した中から返してくれと言ったら、3200円返してくれた。

| | | | |
|---|---|---|---|
| 現金 | 3200 / | 貸付金（有山） | 3200 |

## 表6　単式簿記で記帳

現金　（単位：円）

収入　　支出

| | | | | | |
|---|---|---|---|---|---|
| 期首残高 | 0 | | | | |
| 【仕訳1】 | 5,000 | ゆうちゃん借入 | 【仕訳2】 | 5,000 | 全部パチンコ負け |
| | | | | | |
| 【仕訳2】 | 8,000 | 乾物屋中西借入 | 【仕訳3】 | 3,000 | ゆうちゃん返金 |
| 【仕訳3】 | 1,9000 | 競馬勝ち賞金 | 【仕訳3】 | 2,000 | 競馬馬券代 |
| | | | 【仕訳4】 | 6,000 | 乾物屋中西返済 |
| | | | 【仕訳4】 | 16,000 | 飲み屋代金一部 |
| | | | 【仕訳5】 | 1,000 | タクシー代支払 |
| 【仕訳5】 | 1,000 | 飲み屋より車代借入 | | | |
| 【仕訳7】 | 3,200 | 有山貸付金返済 | 残　高 | 3,200 | 後で「残高勘定」へ振替 |
| 期首残高 | 36,200 | 後で「残高勘定」へ振替 | | 36,200 | |

現金出納帳は単式簿記の説明によく出てきますから、身近な例ですね。しかし単式簿記イコール現金出納帳というわけでもありません。単式簿記の記録計算の特徴は、利益の計算ではなく財産（負債も含む）の管理目的も加わることです。従って現金勘定だけでなく、借入金や未払金、貸付金も財産管理上記録しておかなければならなくなります。

では、借入金・未払金・貸付金の単式簿記による記録計算のための帳簿も作ってみましょう（表7）。

以上、現金以外の貸付金という資産、借入金・未払金という負債についても単式簿記的発想で帳簿を作成してみました。単式簿記を

## 表7 借入金・未払金・貸付金の帳簿

借入金

| 減少 | | | 増加 | | |
|---|---|---|---|---|---|
| | | | 期首残高 | 0 | |
| | | | 【仕訳１】 | 5,000 | ゆうちゃん借入 |
| | | | 【仕訳２】 | 8,000 | 乾物屋中西借入 |
| 【仕訳３】 | 3,000 | ゆうちゃん返金 | | | |
| 【仕訳４】 | 6,000 | 乾物屋中西返済 | | | |
| | | | 【仕訳５】 | 1,000 | 飲み屋より車代借入 |
| 残　　高 | 5,000 | 後で「残高勘定」へ振替 | | | |
| | 14,000 | | | 14,000 | |

未払金

| 減少 | | | 増加 | | |
|---|---|---|---|---|---|
| | | | 期首残高 | 0 | |
| | | | 【仕訳４】 | 3,600 | 飲み屋不足分 |
| | | | 【仕訳６】 | 5,000 | ポーカー負け分未払い |
| 残　　高 | 8,600 | 後で「残高勘定」へ振替 | | | |
| | 8,600 | | | 8,600 | |

貸付金

| 増加 | | | 減少 | | |
|---|---|---|---|---|---|
| 期首残高 | 6,000 | 有山 | | | |
| | | | 【仕訳７】 | 3,200 | 有山貸付金返済 |
| | | | 残　　高 | 2,800 | 後で「残高勘定」へ振替 |
| | 6,000 | | | 6,000 | |

### 表8　自己資本（元入金）の帳簿

元入金

| | | | |
|---|---|---|---|
| | | 期首残高 | 6,000※ |
| 残　高 | 6,000 | | |
| | 6,000 | | 6,000 |

※以前有山への貸付金は元入金処理

前提としている国・地方公共団体の公会計でも、現預金以外の負債や資産の残高管理のために、形式ややり方は違ってもこのような管理は当然しています。

　国・地方公共団体の公会計が、なぜ複式簿記でなければいけないのか、というよりなぜ複式簿記が素晴らしいのかの説明を後でします。その前に、企業会計での貸借対照表の貸方側（負債・資本）をも想定していますから、自己資本（ここでは元入金）の部の帳簿も作成しておきます（表8）。

　単式簿記は利益の計算ではなく財産の管理が目的なので、元入金勘定は本来、単式簿記

## 表9　各帳簿の残高を残高勘定に振替

残高勘定

| | | | |
|---|---|---|---|
| 現　金 | 3,200 | 借入金 | 5,000 |
| 貸付金 | 2,800 | 未払金 | 8,600 |
| | | | |
| 残 | 13,600 | 元入金 | 6,000 |
| | | | |
| | 19,600 | | 19,600 |

では出てこない勘定科目ですが、あえて複式簿記との比較上ここに記載します。

今まで単式簿記で作成してきた現金、貸付金、借入金、未払金と言う勘定科目を「実体勘定」（または実在勘定　real account）と言います。これに対して費用や収益の科目を「名目勘定」（nominal account）と言いますが、まだここまでの単式簿記の説明では登場していません。

簿記の教科書では、実体勘定を残高勘定（B／S勘定）、名目勘定を損益勘定（P／L勘定）と言いますが、複式簿記の生成過程から導き出される損益勘定の重要性の説明をするために、この言葉をあえて使用しています（名目勘定については111ページをお読みください）。

複式簿記では、以上の単式簿記で作成して出来上がった各勘定科目の残高を、さらに「残高勘定」という上位勘定に振替えるシステムになっています。

それでは、今まで単式簿記の発想で作成してきた各帳簿の残高を残高勘定に振替えてみましょう（表9）。

各勘定科目を残高勘定に振替えることによってわかったこと—T勘定の左側（複式簿記では借方と言います）と右側（同様に貸方）の差額、つまり表9の「残1３６００」が浮かび上がってきました。

どこかで見たことありませんか？　そうです、81ページで取り上げたじゅん正樹氏の決算書の貸借対照表と同じです。

あの時は、複式簿記の仕訳からこの決算書を導きました。今回は、単式簿記の帳簿から作成しました。複式簿記には、最後に残高を残高勘定に振替えて組織的・自動的に計算をして、結果として純財産の増減がわかるようにする仕組みがきちんと入っているのです。つまり差額として浮かび上がってきた１３６００こそ、『俺の借金全部でなんぼや』の作者じゅん正樹氏の当期損失だったのです。

ここまでの単式簿記の説明で、残高勘定への振替という複式簿記の仕組みを通じて、じゅん正樹氏の負債総額が把握できましたし、結果としての当期損失もわかりました。

## ●財政的裏付けのない支出を抑える企業会計的発想

組織が肥大化してしまうと、全体的視点が政治家や官僚の一部にあったとしても、下部の組織では自分の権益や既存の獲得予算の確保にこだわり、まして自分の組織そのものの廃止には抵抗してしまう。従って行政改革は一応やるけれども結果としてまた逆戻りしている……。

国には国防、環境保全、社会保障等のように、たとえ財政的に赤字となってもやらなければならない事業があります。政府をはじめとする公共部門はそもそも利益の獲得を目的としていませんので、企業会計的な発生主義会計を公共部門に導入するにしても、利益概念によるパフォーマンス（業績）の評価が不可能な分野については、たとえ行政評価手法がいかに精緻化されようとも、それらの成果に対する貨幣的評価が全く無意味であることも理解はします。

しかし、財政的裏付けのない支出がこのまま続いていいはずがありません。企業会計的発想もぜひ理解していただきたいものです。

### ●財産管理の結果判明した損失の原因把握の仕方

単式簿記で作成した貸借対照表では、資産と負債、資本の勘定の結果としての利益や損失は把握できても、なぜそのような結果が出たかといった原因別計算はできません。原因別計算は、収益と費用の差引によって計算されます。収入と支出ではありません。収益と費用です。この違いが大事です。

ですから、さきほど作成した現金出納帳の収入と支出を比較しても意味はありません。収入と支出の差額は3200でした。しかし、貸借対照表の当期損失は13600です。

### ●単式簿記による損益の原因別計算の具体的計算方法

じゅん正樹氏の「俺の借金全部でなんぼや」の問いかけに対する答えは出ましたが、ではなぜそのような損失が出てしまい、結果として1万3600円の負債ができてしまった

## 表10 仕訳から損益部分を抜き出す

【仕訳２】全部パチンコで5千円負けてもたから、乾物屋の中西に8千円借りた

| | | | | |
|---|---|---|---|---|
| パチンコ遊興費 | 5000 | / | 現金 | 5000 |
| 現金 | 8000 | / | 借入金（中西） | 8000 |

【仕訳３】（ゆうちゃんに3千円返して）2千円競馬をやったら、19,000円勝ってしもうた。

| | | | | |
|---|---|---|---|---|
| 競馬遊興費 | 2000 | / | 現金 | 2000 |
| 現金 | 19000 | / | 雑収入（競馬） | 19000 |

【仕訳４】（6千円乾物屋の中西に返して）残りで飲みにいったら（16,000円しかなく）、3,600円足れへんかった。

| | | | | |
|---|---|---|---|---|
| 交際費 | 19600 | / | 現金 | 16000 |
| | | / | 未払金（飲み屋つけ） | 3600 |

【仕訳５】明日払うわ！言うて帰りに（車代千円借りて）帰りにタクシー代千円払った。

| | | | | |
|---|---|---|---|---|
| 旅費交通費（タクシー代） | 1000 | / | 現金 | 1000 |

【仕訳６】おかまの五郎ちゃんと朝までポーカーやる。結局5千円負けてしまった。

| | | | | |
|---|---|---|---|---|
| 遊興費（ポーカー代） | 5000 | / | 未払金 | 5000 |

かの原因別計算はまだできていません。
そこで、なぜこのような結果になったのかを調べてみましょう。前項の仕訳から損益に関係する部分をまず抜き出してみます（表10）。

この仕訳から収入と支払の部分を拾い上げてみます。

**・収入の拾い上げ計算**

1　競馬で勝ち＋1万9000円（A）

**・支払いの拾い上げ計算**

1　お好み焼き屋のゆうちゃんから借りた5千円すべてパチンコで負けた　△5000円
2　競馬の馬券代金　△2000円
3　乾物屋の中西に借金返した後、飲み屋で1万9600円（内ツケ3600円）　△1万9600円
4　飲み屋で借りた金でタクシー代支払い　△1000円

５　オカマの五郎ちゃんとポーカーやって負け（全額未払）　△５０００円
経費合計　△３万２６００円（Ｂ）
差引損失　（Ａ）－（Ｂ）＝　△１万３６００円

この拾い上げ計算でやっとじゅん正樹氏の損失の原因が判明しました。

単式簿記では、原因別計算をするためには簿記組織の外、つまり個々の取引にさかのぼって拾い上げて別個に行わなければいけないのです。複式簿記に慣れた人からすると、二度手間という感じはすぐにわかるはずです。

## ●単式簿記の限界―日々の取引から誘導する貸借対照表・損益計算書作成の必要性―

単式簿記は利益の原因計算というより、財産の管理が主目的です。これは地方公共団体の予算編成の持つ機能とも関連してきますので結果としての利益の原因別把握よりも財産管理が主目的になることは当然かもしれません。現金ベースの予算統制と会計には限界があり、それを補うものとして出納整理期間、特別会計、基金、予算の繰越などさまざまな手法が出現しています。

これらの問題への対応をするためにも、そして現役世代と将来世代の間での受益と負担の調整という問題を考えるためにも、複式簿記によって成り立つ企業会計の素晴らしさを認識しなければならないと思っています（世代間調整の問題については、「孫の世代にツケを残さない企業会計の手法を知ろう―減損会計―」（33ページ）をご覧ください）。

単式簿記の何が問題なのかというと、勘定への帳簿記録をすることによって組織的、自動的、継続的に損益の原因別計算をする仕組みがあらかじめ用意されていない点です。

さて、先に示した単式簿記による帳簿には現金、貸付金、借入金、未払金といった実体勘定（または実在勘定 real account）しかありませんでした。これに名目勘定（nominal account）たる損益勘定が登場して、すなわち複式簿記が登場することによって、貸借複記の取引となるのです。実体勘定から名目勘定が発生していく過程については「釣銭の計算方法と複式簿記の関係―複式簿記って素晴らしい　その3―」（108ページ）をご覧ください。

貸借複記？　名目勘定？　話がややこしくなってきましたか？

前項の仕訳を思い起こしてください。

【仕訳１】は「お好み焼屋のゆうちゃんから５０００円借りてきて」でした。これを複式簿記で仕訳すると「（借方）現金　５０００円　／（貸方）借入金５０００円」となります。この場合の現金勘定と借入金勘定は実体勘定です。

【仕訳２】は「全部パチンコで５０００円負けてしもたから」です。これを複式簿記で仕訳すると「（借方）パチンコ遊興費５０００円／（貸方）現金５０００円」。この場合のパチンコ遊興費勘定が名目勘定（損益勘定）となります。

## ●なぜ、公会計に複式簿記なのか？

財産増減の原因を示す収益費用の勘定である名目勘定が出現した過程は、前項で説明しました。一つの取引、つまり財産の増減には原因と結果の両面の事実があるということの気付きから、やがて名目勘定が出現し、この原因と結果の因果関係を同時に把握する方法・技術を体系化し、損益計算書と貸借対照表を同時に作成できるようにしたのが、複式簿記です。

単式簿記の場合、結果としての財産計算はできても、その原因計算をするためには、単式簿記の計算構造とは別に、わざわざ前項のような拾い上げ計算をしなければなりません。

しかし複式簿記は、結果計算と原因計算を同時に、自動的にできる仕組みが組み込まれているのです（その計算方法は、「俺の借金全部でなんぼや？──複式簿記ってすばらしい　その1と2──」72ページ～92ページ参照）。

複式簿記の本来的特質は、実体勘定の損益の結果計算に加えて、日々の取引を貸借複記で同時に記録し続けることにより、損益の原因計算が自動的、組織的、継続的に行えるシステムが前もって準備されているという点にあります。「複式簿記ってすばらしいその1、その2」で説明した貸借平衡の原理や自己検証能力、そして遡及可能性・説明容易性といった複式簿記の特長も、この本来的特質から導き出されるのです。

本当に私が言いたいのは、「公会計にも日々の継続的取引の記帳の段階から複式簿記を導入する必要がある」ということです。そして「財務書類の作成には総務省方式改訂モデルではダメだ」ということも、断固として言いたいのです。

この点を含め、次項であらためて詳述します。

# 俺の借金全部でなんぼや？（まとめ）―複式簿記って素晴らしい その5―

## ●予算と会計の関係―公会計から溢れ出る矛盾の解決策は？―

現在の日本の公会計と予算の関係は、どのようになっているのでしょうか。

企業会計の立場からすれば、会計＝決算ですから、管理会計の世界は別として、財務会計に予算の概念は直接的には入ってきません。ところが、公会計の場合には会計とは決算のみならず予算も含む、すなわち事後的な「決算」だけでなく、事前の資源配分に関する意思決定そのものである「予算」も、その対象とすべきであるとの考え方です。

この点について、前国会議員の桜内文城氏はその著書『公会計革命』（講談社現代新書）の中でこう書いています。「『国家のガバナンスレベルの意思決定として、大枠としての資源の調達と配分に関する意思決定を行うこと』が予算編成とするならば、予算の持つ法的な拘束力すなわち『予算の法規範性』が公会計における重要な特性になります」。

さて、財政学的視点からみた予算と、会計の視点からみた予算に違いがあるのは当然として、私が問題意識として常に頭の中に持っているのが、予算準拠主義から派生する弊害の問題です。

これとは別に、地方公共団体の保有する資産更新問題もその一つ。予算の持つ法規範性故に、逆にいろいろな問題点が内在し、政府機能と財政の複雑化とも相まって予算準拠主義の矛盾点やら特別会計の問題点、出納整理期間を利用した粉飾決算の問題等が顕在化し、マスコミを賑わすこともあります。

まだまだ浅学故に「結局どうすれば良いか」の結論はわかりませんが、公会計に期末一括複式変換方式ではない日々仕訳による複式簿記を導入させることも、その解決策の一つであると私は考えています。

## ●地方公共団体の設備更新問題

公会計に複式簿記をなぜ導入しなければならないかについて、今までは複式簿記の機能的優位性から説いてきましたが、これでは具体性がなく、まだピンとこない方がたくさんいるはずです。お役人や学者の方からは、「現金主義の弊害があるなら、それを補う方法でカバーすれば、単式簿記でもいいのでは？」といった問いかけさえある始末です。

現金主義の最大の欠陥は何だと思いますか？　固定資産会計を支えている減価償却《げんかしょうきゃく》制度という設備更新概念が忘れ去られていることです。

市営住宅や県営住宅の住民は、減価償却費を設備や資産を使用する対価と考えていません。まあ、これは当然として、資産を管理する側のお役所の職員も、減価償却費を将来のコストとして捉える意識が不十分です。最近はなんとなく理解し始めていますが、まだまだ認識不足です。彼らの辞書にはない概念ですから仕方ないのかもしれませんし、あるいは先に述べた予算の法規範性の外の問題なのかもしれません。やっかいなのは、職員にとどまらず、政治家・地方公共団体の組長・管理者も、減価償却費を将来の設備更新の準備と捉えていなかったことです。というより、そのようなデータがないのですから、わからないのも当然です。

ここで、驚くべきデータをご紹介します。私も参加している「公会計改革に協力する会計人の会」の浅田隆治公認会計士の「新地方公会計の成果、その活用へ」という研修で利用された資料です。更新資産準備率という考えをもとに、地方公共団体と民間企業の比較

### 表11　更新資産の資金準備率　民間・公共　比較表

平成23年4月11日事業研究部会資料

| 地方公共団体 | 更新資産資金準備率 | 民間会社 | 更新資産資金準備率 |
|---|---|---|---|
| A市 | 0.02 | 三井不動産 | 0.74 |
| B市 | 0.20 | 東急建設 | 5.64 |
| C市 | 0.01 | 平和不動産 | 0.81 |
| D市 | 0.04 | 三菱化学 | 0.43 |
| E市 | 0.07 | 日本電機産業 | 1.27 |
| F市 | 0.06 | 三菱重工業 | 0.33 |
| G市 | 0.06 | ヤマトHD | 0.55 |
| H市 | 0.13 | 住友化学 | 0.38 |
| I市 | 0.02 | セブン＆アイHD | 0.77 |
| J市 | 0.06 | トヨタ自動車工業 | 1.08 |

更新資産準備率＝投資性金融資産／減価償却累計額

をしています（表11）。

上記の表を見て、何を感じますか？　急速な高度成長の結果、出来上がった無駄な設備、その後の急速な経済の停滞、税収の落ち込み、拡大する社会保障費、公債に頼った旧来の成長の維持といったリスクに対する備えは、民間に比べたら、地方公共団体は全くゼロに等しいということです。お役人や政治家には、減価償却費の概念がありません。金がなくなったら借金をする。民間のような、いかに付加価値を付けるかの工夫は、単式簿記からは導き出されません。行財政改革という心地よい響きに糊塗《こと》された単語は何度も使いながら、計画が遅々として進まないのは、民間のような債務超過になったら全員が路頭に迷うといった危機意識がないからです。先送りすれば良いわけですから。

単式簿記が予算準拠主義に基いて問題の先送り傾向を助長するのに比べ、複式簿記は発生主義に基きます。この点が重要なのです。

かつて先進国で発生ベースでの会計へ移行していないのはドイツと日本だけでした。米国、英国、フランス、カナダ、オーストラリア、スイス等はすでに発生ベースへの移行が完了しています。韓国でも最近発生ベースの会計への移行が行われました。ちなみにアジアでは単式簿記を採用しているのは、パプアニューギニア、北朝鮮、フィリピンだそうです。

「発生ベース」の会計とはどんなものかについては、「『はい！　お会計で～す』という声に会計士は何を考えるか？」（54ページ）をお読みください。

第2章

# 職業会計人からみる企業不正

## コーポレート・ガバナンス問題

「はじめに」で書いていますが、本書は、私が2010年から2012年までの約3年の間に綴っていた「徒然泣き！　人生　―職業会計人の〝軒昂奉仕〟―」というビジネスブログをもとにしています。この2010年4月のブログに、当時、貴乃花親方が日本相撲協会の4期8年ぶりの理事選挙で、大方の予想に反し理事に当選したこと（横綱・朝青龍の暴行問題に端を発した引退劇）を書き、そこで「直感として『相撲協会にも多少はコーポレート・ガバナンスが効いたな？』」と記しました（その後、期待外れのことも多発してしまいましたが……）。同じころ、日本公認会計士協会では5期15年ぶりの理事選挙が行われ、そのこともガバナンスの視点から記しました。

私は公認会計士の立場から、ある上場会社の社外監査役を務めており、「ガバナンスって何？」と、常に自問自答している者として、あの相撲協会の出来事に無関心でいられず、自分の見解を載せたわけです（さらに、貴乃花親方が引退に至るまでの過程も自分なりに追いかけ、ガバナンスの観点から観察してきました）。

そんな10年以上前から言われていた〝コーポレート・ガバナンス〟を考えるにあたって、私なりにアプローチしてみます。

## ●中小企業のコーポレート・ガバナンス

税務業務の私のクライアントの大半は中小企業です。超大手優良企業のコーポレート・ガバナンスに接すれば接するほど、中小企業との落差を感じざるを得ません。

中小企業には、外形的要素としてのガバナンスはほとんど皆無というより機能していませんね。１００人、２００人の中小企業ですら取締役会など機能していない企業が多いといえます。監査役も全く名前だけです。意思決定はほとんどトップダウン、社長一人の意思決定です。機動性・迅速性・行動性の視点からは、非常に素晴らしいですが、一歩間違った方向に走りだすと止める人がいなくなります。

また、兄弟での経営、もしくは共同経営といった中小企業になると、もたれ合いの風土、責任の擦《なす》り合いの風土、酷くなると役員同士口も聞かなくなりコミュニケーションゼロといったこともあり得ます。こうなると役員会など開催されず、開催したとしても全く機能しなくなり、会議の体をなさなくなり、事が前に進まなくなります。もう5年以上、一つの意思決定さえできていないという中小企業も見聞きしています。

私は、こういう企業には社外役員を送り込むことを勧めています。会社に全く関係ない人が会議に参画することによって、正常な会話が成立するようになります。身内同士の醜い話も遠慮します。人間の心に潜む邪悪な本音は身をひそめ、その第三者の社外役員の手前、ある意味で「良い子」ぶった精神状態になり、まともな議論が成り立ちます。身内でしか通じない対応や解決策は言い出しにくくなります。この辺りにコーポレート・ガバナンスの原点があるような気がします。であるが故に、社外監査役、社外取締役が重要になるのですね。

## ●上場会社のコーポレート・ガバナンス

ガバナンス問題に関心を持ち始めたのも、自分がある上場会社の社外監査役をしているためなのです。

毎月2回会社に行き、時として執行役員会や関連会社監査役連絡会に参加し、監査法人と内部監査部門との年4回の定例報告会や、上場企業関連会社役員懇親会、新入社員入社式等々、さまざまな行事に参加しているうちに「ガバナンスって何？」とますます意識し始めている次第です。

10数名の役員の内、社外役員が5人いますし、私たちの発言も常に記録されていますので、会議の場では、それぞれがガバナンスを意識した発言をしているなと感じています。

そして重要な意思決定に関わる問題について賛成を唱えながらも、他の役員とは全く発想の異なる発言に接したりもします。プロパーの取締役では発言しづらい部分にも斬り込んでいきますので、これがガバナンスなのだなと感じたりもしています。

しかし、日本の上場企業のコーポレート・ガバナンスは欧米に比べると、まだまだ遅れています。社外監査役制度は会社法に導入されたものの、社外取締役については経済界の反対もあり未だ義務化は実現していません。

私が就任している上場会社ではすでに数年前から社外取締役についても導入されていますが、日本企業に対する世界的な批判に対応するべく、今では東京証券取引所に上場している会社については「独立役員制度」が設けられています。「屋上屋《おくじょうおく》を重ねるだけで意味無し」と言っていた、社外監査役をしている私の仲間の公認会計士がいましたが、私はそうは思いませんね。

## 余暇（趣味）でたまったストレスは、仕事で解消しよう！

話が固くなってしまったので、ちょっと横道にそれて仕事と趣味の関係に触れてみます。いい年をして相変わらず超過密スケジュール（徒然なき＝徒然泣き？）をこなしてきている私の〝仕事の楽しみ方〟です。やはり「仕事は楽しくなけりゃ、やってられない」ので、自分をそう思い込ませるための自己暗示かもしれませんが、まあ聞いて、いや「読んで」やってください。

### ●私の趣味

私が所属するあるロータリークラブの機関誌に「私の仕事を邪魔する趣味」という記事を載せました。あれからだいぶ経っていますが、まあ今も同じような気持ちです。その書き出しは、

「今、仕事が面白い。と同時に余暇も充実している。というより面白い仕事を遮るように、趣味が私の仕事を邪魔する。つまり起きている間中楽しいのである。こういう時は寝てか

ら見る夢もまた面白い。つまり24時間が楽しいということになる」

ついでにもう一つ。月刊誌『島へ。』の特集記事「沖縄音楽の解釈さまざま」の中で「胆《ちむ》がなさ節」（286ページQRコード3）のことを書かせていただいたことがあります。沖縄では大変に有名な曲で、沖縄唄三線の世界に入り込んだ人の大部分が唄えます。全部紹介できませんが、5番の歌詞は、

♭♭ 男生（いきがん、う）まりとてぃ　女生（いなぐん、う）まりとてぃ
かなさねんむぬや　ただぬ葉（ふぁ）ガラー
胆（ちむ）がなさらやー思（う）みーかなさらやー　##

これを私なりに解釈すると、このようになります。

♭♭ 人の情や、愛くるしさと、心の痛みを知らないなんて
唯の枯れ葉と同じだ。
ねえ、今の私達って、本当に幸せでしょう。

二人の人生、エクスタシー　＃＃

次項で詳しく紹介する私の趣味につながります。

## ●仕事を楽しむ

### ①仕事しながら遊べないか？

私の趣味は、沖縄唄三線です。仕事を全く抜きにしての若い人達との交流がまた楽しいのです。飽きっぽい性格の私は、最近は端唄・小唄の世界にのめり込みつつありますが、声を出すというのはストレス発散には最高です。飽きっぽいというとイメージが悪いので、好奇心が強いとでも言っておきましょう。

もともとカラオケ好きが高じて、楽器演奏の世界にのめり込んでいったのです。しかし発表会やら演奏会に向けての練習はストレスがたまります。全く時間的ゆとりのない中で遊びも目一杯なので、ますます時間がありません。ということで、趣味でたまったストレスは仕事で解消するっきゃないんですね。

さあどうすればいい？　基本は「仕事が楽しくてしょうがない」状態を常に維持するこ

とです。ここでは二つの事例をお話ししますが、その前に私なりに考えて実行したことがあります。

「仕事しながら遊べないか?」「遊びが仕事にならないか?」と……しかし、私のような職業会計人という堅い仕事は、遊びが仕事にはなりません。「いや、待てよ! 仕事しながら遊びはできるはずだ!!」と思い立ち、とりあえずやってみました。

**◎実験その1 講演と公演―「外形標準課税と沖縄唄三線の関係」内容の一部**

はじめに まず 一、二曲唄って公演

「与那国の猫小(まやぐぁー)」(286ページQRコード4)「与那国小唄」三線演奏

次に「レジュメ」の一部抜粋

途中略――

Ⅶ 唄に見る 役人の腐敗 今と昔(沖縄の離島)

今 外務省・(旧)大蔵省・厚生省(ホテル代水増し請求 ランジェリーパブ)

昔 沖縄離島の目差 与那国役人とその妾同士の裏面を描いた風刺唄

◎実験その2　講演と公演―テーマ「人頭税から沖縄経済特区へ、そして沖縄音楽との関係」

講演の途中に沖縄音楽の唄を織り交ぜながら展開

レジメの一部――――

外形標準課税と沖縄の人頭税

悪税の苦しみ　人頭税廃止100周年記念事業（2003年）

宮古島の唄「漲水ぬクイチャー」（286ページQRコード5）との関係

徒然草に見る日本民謡のルーツ

唄に見る、役人の腐敗、今と昔

沖縄経済特区に会社をつくろう

まあ、この講演は、あまり堅苦しくない雰囲気の場での講演でしたので、試みたのですが、もし講演料をいただいて仕事の話以外に三線を弾けたら、三線に関わる消耗品等も経費算入が可能では？（収益を得るために必要なコストということ）なんてバカなことを考えながらやってみたのです。もちろん趣味でやっているので経費にはなりません、念のため。

### ◎実験その3　仕事しながらの遊び─リゾート地での原稿書き─

常夏のハワイやら沖縄のホテルのプールサイドにパソコンを持って行って、昼寝しながら時々の原稿書き……。これって遊びながら仕事をしているのか、仕事しながら遊んでいるのかわかりませんが、他人が見たら、「なんでリゾート地まで来て仕事してんの?」ってことになり、仕事が好きでしょうがない人種にしか理解してもらえないし、仕事から解放されたことにならないので、あまりやらないようにしています。

## ②仕事を楽しむための条件

要は、〝後ろ向きの仕事はしない〟ということです。しなければいけない場面もありますが、そのような状況を作らないということでしょう。企業経営を横から眺めていると、クレーム処理やら滞留《たいりゅう》売掛債権《うりかけさいけん》の回収、資金繰りに追われたり、裁判で訴えられたり、裁判を起こしたり、とにかく後ろ向きの仕事には無駄な（?）時間をとられすぎますよね。

私は、多少の売掛債権の未収なら、回収の努力のために使う時間がもったいないので諦めます。

トヨタ自動車のリコール問題、雪印事件、船場吉兆の客の食べ残し再提供事件、赤福の賞味期限偽装事件、白い恋人事件等々取り上げればきりがありませんが、このような後ろ向きの事件ほどストレスのたまる仕事はありません。このような後ろ向きの仕事に巻き込まれないためにはどうすればいいのでしょうか。

決められた約束事、つまり法律等をきちんと守る、そう、最低限コンプライアンスの遵《じゅん》守《しゅ》をしていればいいんじゃないでしょうか？　そうすれば後ろ向きの仕事に巻き込まれる機会は少なくなるはずです。

仕事柄、税務調査の立ち合いも40年以上やっていますが、修正申告を迫られる事案にもぶつかります。起きてしまった事案に対して、税務当局への対応策を考えるなど実に後ろ向きの作業です。

ストレスのたまる後ろ向きの仕事をしなくて済むようにコンプライアンス遵守で、毎日仕事が楽しくてしょうがない状況を作りましょう。

### ③仕事の生きがい・やりがい・目的意識

仕事が楽しくてしょうがない状況とはどんな状況でしょう。

以前、日本経済新聞の「私の履歴書」欄に女優の有馬稲子さんが連載されていましたが、その中にこんなことが書いてありました。
「あなたの芝居を見て、人生が変わった、と言われた時は女優をやっていてよかったと思う」
これは仕事のやりがいですね。

この有馬稲子さんの連載のころ、NHKの大河ドラマは「龍馬伝」でしたが、その中の登場人物、勝海舟《かつかいしゅう》にかかわる別の記事を見て驚いたことがありました。何が若きころの彼をしてあそこまでの行動をとらせたのか？　勝海舟のすごさを語る逸話を紹介しましょう。

「本屋でオランダの兵書を見つけたが、50両と手が出なかった。欲しい一念で金策に走って成功し、本屋に行ったらすでに売り切れていた。買主は某与力と聞き、すぐに出かけて某与力に譲渡を願ったが駄目。そこで借用を願い出るが、自分が読んでいるから駄目だという。しかし海舟は待てず、その与力が寝ている時間だけ貸してほしいと頼み込む。根負けした与力は、就寝中のみ貸す約束をした。海舟は6キロの道を毎晩歩いて訪れ、朝帰りを続け、半年でその兵書を書き写した。その根性に度肝を抜かれたその与力は、『そなたこそこの本の持ち主にふさわしい』と兵書を譲ってくれた。そこで謄写した方を売ると30両になった」（『歴史街道』楠戸義明氏記事）

半年間、昼夜の生活を逆にして兵書の謄写をした勝海舟のその行動の原点を考えると、興味が尽きません。佐久間《さくま》象山《しょうざん》の影響を強く受けた勝麟太郎《かつりんたろう》（勝海舟）は、ゆくゆくは軍艦《ぐんかん》操練所《そうれんじょ》教授方頭取《きょうじゅがたとうどり》になっていきますが、彼の世界観の中から日本のとるべき道筋を考えた時の当然の帰結でしょう。

若年のころからの強い目的意識が、彼をして、片道6キロの道を半年間通わせたに違いありません。

勉強する目的、仕事をする意義、こういったものを強烈に持っていれば、どんなに忙しくても苦にならないのでしょうね。

最近私が、仕事をしていて感じたことがあります。公認会計士の同業で同じような経験をした仲間からこんなことを言われました。

「あんたが死んでもこの報告書は残るよな！」

彼も私と同じようにある地方公共団体の包括外部監査責任者の仕事の経験があります。彼の言葉は、誰も手をつけなかったテーマに取り組んだ後の私の包括外部監査報告書を読んでの感想でした。私は、オンブズマンの通信簿でのそこそこの評価や議会関係者等からの強い支持も耳に入ってくると、この仕事をやってよかったなとつくづく感じます。監査補助者との徹夜の議論など、思い出深き出来事も余計にそう感じさせるのかもしれません。

中小企業の経営者の苦しみもともに分かち合いながら、税務経営相談にのっていますが、「先生のお陰で自殺を思いとどまりました」なんて言われると、この仕事がやめられなくなります。まあ仕事が楽しくなるのは、やりがい、生きがい、世の中から認められているってことが自覚できてる時じゃないんでしょうか？

でも忙しくしていると時間はあっという間に過ぎ去り、気が付いたら、後期高齢者の仲間入り直前。残された時間も少なくなり、下り坂人生に突入していますが、年をとるっていうのもまたいいことがあるのです。

## 税金に対する経営者のタイプの違いと考え方の変遷

個人事業主の方々にとって大変な確定申告時期、私どもも大変忙しい時期ですが、このころになると、さまざまな税務のクライアントから話をお聞きします。お金に関わる事業者や個人の感覚については「埋蔵金はなぜできるのか？―徳川埋蔵金伝説から霞が関埋蔵金まで―」でも若干触れましたが、そこでは「人は貯まったお金をなぜ隠したがるのか？」がテーマでした。この項では「経営者はなぜ、税金を払いたくないのか」をテーマにします。

確定申告の時期、多くの経営者から生の話を聞かされるにつけ、感じ入る部分があります。まず、同族経営の中小企業経営者の話からしましょう。上場会社等の社会的責任を自覚し、コーポレート・ガバナンス感覚もしっかり持ち、コンプライアンスの認識も従業員一人一人が自覚している会社の役員等の税金に対する感覚とは全く異なるからです。

### ●ハチャメチャ型経営者

決算作業も終了間際になり、いきなり担当者に対して「この領収書、今ごろ出てきたので、追加で入れといて」……いかにも胡散臭《うさん》そうな領収書です。大手企業ではさすがにこの手の経営者は少なくなったものの、個人事業者だとまだいるのかもしれません。個人事業者の場合は、家事関連費で本当に必要経費なのだろうか？　と疑いたくなるようなものもあると聞きます。領収書一枚一枚には、購入動機と仕事との関係の使用目的が実に事細かに説得力を持って記載されているものです。私たちはその領収書が出てきた経緯がわかるので否認しやすいのですが、事後的に税務調査官がこの説得力のある使用目的と購入動機の記載された領収書を見たら、見抜けない可能性も否定できません。しかしさすがに、このようなハチャメチャ型経営者は現在はほとんど姿を消しています。

## ●力まかせ型経営者

架空経費の計上というハチャメチャなことまでは、さすがにやらないまでも、少し税法の知識が経営者側に身についてくると、悪知恵を働かせたくなるらしいです。

取得価額が10万円以上（原則的処理）の消耗品となると固定資産計上しなければならず、一時の損金とならないということを知り、無理やり領収書を10万円以下に分割させたり、決算日後に購入した消耗品やパンフレット等の請求日を決算前に直させたりして、未払費用の計上を力まかせで行う経営者を見かけるのです。また、期末近辺の締め日後の売掛債権等を翌期にずらして売上を減少させたりもしたくなるようです。

これら小細工して分割計上した消耗品費など、税務調査の現場で領収書を見られればすぐにわかってしまうことです。数百万円のパンフレットの印刷代の納品書の日付を期末前に直させたとしても、大量のパンフレット類を期末までに一気に使い切ることは不可能なはずで、在庫があれば貯蔵品勘定処理しなければなりません。つまり損金に全額算入されないのです。力まかせの悪知恵を働かせても、意味のないことだと後から気がつくことになります。

## ●軽率型経営者

悪知恵を働かせても駄目だとなると、業者が勧める節税商品が目に留まってしまいます。節税商品なるものは世の中にたくさん存在します。生命保険利用節税、レバレッジドリース物件節税、借入利用の不動産投資節税、海外投資物件節税、自動販売機設置による消費税節税、立体駐車場節税等々さまざまです。これらの多くは大手業者が消費者の節税心理をうまくついて考え出す商品ですが、実際の利用にあたっては「税理士の先生にお聞きください」とのコメントが付され、業者側は第一次責任を回避しようとするので、多くは税理士に相談が持ちかけられます。

この場合は、陰に隠れているリスクをお話しできるからまだいいのですが、勝手に経営者が自分の判断でやる場合は困ります。土地価額が暴騰していたバブル期には、相続税評価額と実際の時価の乖離率《かいりりつ》を利用した相続税対策が横行しました。その結果、後々土地や取引相場のない株式評価にあたっての「三年縛り」のような規制ができてしまっているケースやレバレッジドリース取引に関する税法改正で泣きを見た経営者も多かったはずです。

これらの話に軽く乗ってしまう、というより、そそっかしいと言ってもいい経営者がいます。平成の初め、金融機関の行員が間に入って行った逓増定期保険《ていぞうていきほけん》問題などは前提が崩れて大きな損失を被り、裁判沙汰になった事件が多発しました。

## ●節税オタク型経営者

以前、ハチャメチャなことをして懲り、力ずくでやらせたことも無駄となり、合法的に節税商品を購入したものの、その後の税法改正や〝土地は値上がりする〟という前提が崩れて無駄な支出と化し、空しさを感じつつも税金は払いたくないらしいのがこの手の経営者です。そして、会社経営も20年近くなると、税務調査体験も十分に積み、税法知識もそこそこ詳しくなり、手口もだんだんオタク化していくのです。

**(ケース1)**

――利益が出すぎたので在庫を圧縮したいのだが、期末日近くの仕入商品等の在庫を圧縮すると税務調査で見つかりやすいことを経験値からわかっているので、決算日数カ月前の在庫を圧縮する。

**(ケース2)**

――期末日近くになると利益圧縮のため、2年で償却できるような中古のベンツ等を取得して2年にわたり多額の減価償却費を計上する。

**(ケース3)**

――期末日近くだと目立つので2、3カ月前に大量の印紙や切手やJRのスイカカード等を購入する。

（ケース４）

——家賃等の支払いは1年分前払しても短期前払費用となり、継続適用すれば支払った期の損金に算入されるので、巨額の1年分家賃を借金までして払ったりする。

（ケース５）

——得意先との飲食代が一人５０００円以下なら会議費等になり交際費課税から免れることを知り、一人平均５０００円以下になるように、人数の水増しをする。

まだまだあげればきりがありませんが、このように短期的な利益増加現象への短絡的対応で無駄な購入などをし、その後の資金繰りがめちゃくちゃになって後悔したりするのです。

## ●悟りを開いた経営者

先に紹介したいろいろな経営者たち……同族型会社経営者が、税金対策でハチャメチャなことをして懲り、力まかせ節税も無駄となり、合法的節税商品購入で空しさを感じ、節税オタクで資金繰りが悪化し……「何やっても無駄じゃん！　まともにやるのが一番だ！」と、そういった悟りの境地に至るまで、ふと気がついたら会社経営20年。そんな趣旨のことを綴りました。

定年近くになって会社を創立し、３年目で税務調査を受けた会社の調査立ち合いが最近ありました。超一流大学を出て、超大手企業を何カ所か経験し、定年間際に創業された経営者です。まだ社員10人にもならない企業ですが、社長は企業理念やさまざまなステークホルダーに対する企業の社会的責任もしっかり自覚し、小さいながらも企業とはどうあるべきかをよく考えておられました。

私自身が税理士業界へ入って40年以上経過します。このように最初から立派な方もおられますが、通常は先のような経営者もたくさんいるのが実態でしょう。そういった経営者でも、長くても20年くらい会社の経営をしていると悟りが開けるようです。

もっとも、中小企業の７割は赤字ですから、節税対策なんて縁がなく、いかに利益を出したらいいのかに腐心している経営者が多いのも事実です。

会社の決算は期間計算です。利益の先送りをしたり経費の先取りをしたとしても、そのツケは翌期に回されるだけ、一度無理な在庫圧縮をしてしまうと、売上総利益率の異常さを隠すために、ずっと圧縮し続けなければならなくなります。結果として、どの数字が本当の会社の利益なのか皆目わからなくなり、羅針盤なき会社経営という航海を続けざるを得なくなります。こんな恐ろしいこと、というより無謀なことできますか？ 会社経営をする以上、しっかりした羅針盤、つまり年度ごとの適正な決算をすることが、企業成長の要であるはずです。

## ●体力のある会社とその経営者

中小企業の経営者と接して40年以上、その間、高度経済成長期の絶頂期、そしてバブル経済の破綻、失われた20年とリーマンショック後の経済悪化などがありました。さまざまな企業とその経営者と接してきましたが、生き残っている会社は「体力のある会社」です。それは内部留保に努め、総資本に対して自己資本比率の高い会社、つまり、自己資本の部の資本金以外の利益積立金等の内部留保の厚い会社を私は「体力のある会社」と言っています。最近は赤字続きでも内部留保の厚い会社は、体力があるが故の底力を保持し、M&A等の条件も良くなります。

私は地域金融機関の外部監査人としての仕事を10年以上続けている過程で、実に多くの中小企業の決算書を拝見し、そして金融機関のその貸出先に対する経営分析資料や自己査定資料を見続けてきました。

そこでつくづく感じるのは、「中小企業こそ先述した意味での体力がなければ駄目だ！」という点です。そのことを意識づけるのが私たち職業会計人の仕事であるはずです。中小企業にはその会社の税務・会計顧問である税理士や公認会計士がほぼ１００％関与しています。

金融機関監査では、この中小企業を指導する職業会計人の役割の重大さを感じます。中小企業はいつどうなるかわからないので、「そのために個人資産は十分に保有していなければ駄目だ！」という考え方もあります。しかし、当然のことですが、節税に走りすぎたり、役員報酬の取りすぎや役員退職金の取りすぎで体力をなくしている会社もたくさんあります。いずれにしろ、最後は経営者の見識が問われるのです。

## ●中小企業経営者の税金観

税理士は職業柄、常に節税を求められます。そして経営者の方の「ズレた期待（方向の違った期待)」へ応えるべく、あるいは応えなければ無能者扱いにされることを恐れて、節税策に邁進《まいしん》しがちです。

私自身は、公認会計士として地域金融機関の監査業務を通じて他の会計事務所が作成したさまざまな中小企業の決算書のあり方を見て痛切に感じるところがあり、公認会計士業界関連の会報に「中小企業金融への側面援助と職業会計人の意識改革」と題して、財務の健全化という命題を訴えたことがありました。

その文章を読んだ全く見ず知らずの公認会計士の方が、わざわざ私の自宅の電話番号を調べて、「いやー、先生の言うとおりです。そのことをどうしても伝えたくて」と電話してくださったこともありました。今もよく覚えていますが、共感していただける方が一人でもいるとやりがいが出てきます。そして仕事も楽しくなります。

閑話休題、話がそれました、戻しましょう。

数年前、気になる題名の書籍が目に留まったことがありました。それも元同族会社社長の著書です。

「税金情報はお上の考え方ばかり、税金を取られる側の情報がないのはおかしい」との視点で書かれた『これは節税か、脱税か!―グレーゾーンを突き進んだ非常識な税金対策―』(かんき出版)という書籍です。「はじめに」の部分には、「税理士に言われるままに税金を払っていませんか? 会社の税金問題ですが、実際に節税と脱税の間に大きいグレーゾーンがあります。何をどう選ぶかは代表者であるあなたです」とあります。そして「同族会社の経営の現実は、個人、同族の金儲けが最優先です。事業の社会的意義や貢献など、甘っちょろいことを言っている余裕はありません」と続き、またこんなことも書いてあります。「……言い方は良くないのですが、同族会社の経営とは、大半が会社代表者の身内の利益を第一義的に考えた経営です」――とはいうものの、彼自身、「先代はその金儲けに徹しながら砂の城が崩れるように会社を壊さざるを得なくなった」とつぶやき、「人は金儲けで見えるものも見えなくなり、社会性を見失うとビジネスも会社も、社会から退場を余儀なくされることになります」と結びます。

結局、著者の先代は会社をつぶしているのですね。公私混同、私利私欲の結果かもしれませんが、「官僚のお手盛り、天下り、無駄使い、空出張、隠し金、政治家への不正献金、収賄がなくなる時、庶民の脱税もなくなると思います。しかしそんなことは未来永劫ないというのも私の確信です。」――この著者の一面の見方でしょうが、官僚のお手盛りやら、天下り、無駄使い、空出張、隠し金がなぜ行われるのか、その諸悪の根源の一つが予算準拠主義であること、なぜ隠し金ができてしまうのかは、先に本書で触れさせていただきました。

## ●上場企業経営者の税金観

これまでは同族経営の中小企業経営者の税金観の話でした。一方で上場企業等の大企業の経営者の税金に対する考え方にも触れてみます。

上場企業経営者の税金観といっても、経営者の個人財産にかかる税金に対する視点と会社の利益に対する税金の二つの視点がありますが、まず会社そのものの法人税等負担の話です。

### ①上場企業経営者の法人税等に対する税金観

私の場合、一部上場会社の社外監査役としての立場、次にガバナンス問題が今ほど叫ばれていなかった時代の二部上場会社の社外監査役の立場、中小企業ではあるものの上場会社等の子会社の税務顧問の立場から、さまざまな上場会社（及び関連の非上場会社）の経営者と接しています。

身近に接し得る方もいれば、遠くから拝見する場合等さまざまですが、彼らは基本的に同族会社のオーナー経営者とは全く視点が異なります。

コンプライアンスに対する取り組み方やガバナンスのあり方を真剣に考えているこういった企業の経営者と、先述した中小企業の経営者とは、企業の社会的責任の自覚の仕方が全く異なります。金融機関等を中心にコンプライアンス部が組織として存在し、それぞれCSR（企業の社会的責任）報告書、環境報告書等を年次ごとに作成しているわけですから当然かもしれませんが、ガバナンスやコンプライアンスに対する意識・認識・知識の差は歴然たるものがあるというのが偽らざる実感でしょうか。

ステークホルダーたる株主や債権者等のことを考えると、税金をごまかすという発想はなく、いかにして安定的な利益を上げていくかということに腐心しています。所有と経営が完全に分離している会社になればなるほどその意識は強く働きます。従って上場会社等が税務当局と揉めるのは、意識的脱税問題ということではなく、見解の相違という場合が多いように感じています。

まず、経理担当者はサラリーマンですから、法律的に間違った処理はしたくないという意識があります。そして経営者は、税金のことより、いかに利益を上げるのかという点のほうに関心があるはずです。とは言っても、数カ月に及ぶ税務調査の結果をみると、同じように毎回、法人所得の漏れが出てきます。決して意識的に課税所得を少なくしようとの意識はないのですが、やはり処理ミスで結果として過少申告の場合があります。

上場会社でも同族経営的色彩の強い会社の場合はやや色合いが異なりますが、利益を確保しなければならないという点では同じで、税金はその結果でしかありません。ですから税金をごまかすという発想はあるはずがないのです。

中小企業経営者であっても、上場企業等の子会社の経営者となると、同族会社系経営者とは基本的に考え方も違います。方針が親会社と一緒ですし、多くはオーナー型経営者ではなく、雇われているサラリーマン経営者ですから、やはり業績アップで利益を確保することが優先で、税金はその結果であるという意識が強いと言えます。

### ②上場企業経営者の所得税・相続税に対する税金観

さて次に、会社の税金ではなく、経営者個人の税金の問題です。私は上場企業経営者の個人の確定申告や相続税の申告も手掛けていますが、全く個人の話となると会社の税金と違って感じ方も人それぞれです。

だいぶ前の話ですが、経営者に対するストックオプション課税が問題となりました。当時は制度の変わり目で、一時所得か給与所得かで国税不服審判や訴訟が頻発していました。この時も何人かの経営者と関わりがありましたが、やはり自分自身の問題となると、「国の税に対する規定の仕方の曖昧さを糾弾するんだ！」と息巻く方、「まあしょうがないでしょう」と達観される方等、個人の性格の差がにじんで出てきました。

### ③同じ人なのに会社の税金観と個人の税金観に違いが出るのはなぜ?

まあ、意識的な脱税志向はないものの、会社の税金観と個人の税金観が全然異なる経営者はいます。それはなぜなのか？　他人の目が届かない、全くプライベートな部分だからでしょう。大げさな言い方をすれば「ガバナンスが効かない世界」にいるということです。他人の眼は、奥さんか会計事務所の担当者ぐらいです。むしろ奥さんも一緒になってごまかしたくなるようです。これはよくある新聞報道での情報ですので誤解なく。

会社経営の場合はステークホルダーに対する社会的責任が伴いますが、全く個人の問題だと、利害関係者は自分と家族だけになります。あとは自らの心の問題です。ここで自制できるか！　自制できない方は社会から見放されるのでしょう。

## ④お金を天下の回りものにしよう！

お金は魔物です。埋蔵金ができる仕組みを知っていたり、その生成過程を見続けている私たち職業会計人も、正しき羅針盤たり得るように心がけたいものです。

「お金は天下の回りもの」とはいうものの、どうしてもためこむ人が出てきます。最近の使い捨て傘などは天下の回りもの状態で、黙って持っては行かないものの、「どうぞ。どうぞお使いください、わざわざ返しに来なくていいですよ」と言ってくれているかのようです。

使い捨て傘は天下の回りものになりつつありますが、純粋に「お金は天下の回りもの」と言える状態にするのはまず無理でしょう。そこで、貨幣経済が発達する前の社会、すなわち縄文時代はどうだったのだろうか、こんな疑問がわき出てきました。いずれはそのテーマについても考えてみましょうか。

## 経理不正事件の発生原因と金融機関等の内部統制

以前、東京の立川市で6億円という巨額な現金強奪事件が発生しました。これで思い起こされるのが、昭和43年に起きた3億円事件です。

当時、この事件が世に与えた衝撃は激しいものでした。その大胆かつ巧みな手口も、「素晴らしい」と言うと語弊がありますので言葉を変えますが、強烈なものでした。当時3億円というのは、まさにとてつもない金額でした。現在の貨幣価値に直すと約20億～30億円にもあたると言われています。小説やテレビドラマ、そして映画化もされ、私どもの年代にとってはあまりにも強烈で忘れ得ない事件なのです。

立川の6億円現金強奪事件の報道に接して、なぜ警備会社がいなかったのだろうか？という疑問が浮かびましたが、よく聞いていたら警備会社そのものが事件にあったとのこと。呆れてしまいます。この警備会社にはさらに警備会社を付けなければ駄目ですね。

●事件発生の原因と問題点

犯人は多額の現金が一括で保管されていた金庫室以外は物色せず、小分けにされた現金を数分間で運び出して逃走しており、営業所の駐車場の照明が事件の30分前に消されていたことも判明し、会社の内部事情に詳しい人物が犯行に関与したとの見方が強いということです。

では、どのような問題点があるのでしょうか？

（1）侵入口となった窓は半年以上前から壊れていたにも関わらず修理していない。
（2）1人で警備をさせて、その警備員はいつでも現金を持ち出せるずさんな管理態勢。
（3）仮眠を許容している。
（4）警備や宿直が常時、室内にいることを理由に警備用のセンサーを切っていた。
（5）過去に郵便局から集めた現金約1億5000万円が盗まれる事件と現金約6900万円を乗せた現金輸送車が盗まれる事件を起こしている。

この業務を委託した郵便局株式会社は一般競争入札で大切な現金輸送業務をこの警備会社に委託したようです。一般の金融機関であれば随意契約で管理態勢のしっかりした警備保障会社に業務委託しているはずなのに、なまじ民営化に歯止めがかかっているためにルールでそれもできなかったのでしょうか。

過去に2度も事件を起こしている会社に業務を委託すること自体が考えられませんが、抜き打ち検査などにより厳正な監査を行なうべきでしょう。窓が壊れているにも関わらず半年も修理していなかったり、警備用のセンサーを切っていたりなどまったくリスク対応が甘く、内部統制もできていない証拠です。このような事件を起こさない仕組みを作らなければならないと言えます。

### ●事件を起こさない仕組み作りと金融機関の内部統制の一例

事件を起こさない仕組み作りとは、リスク対応できる内部統制組織と内部牽制を利かせられる組織作りです。

金融機関自体もまれにこのような事件を起こしてはいますが、金融機関の内部統制は、一般の事業会社に比べると、比べようもないくらい牽制が効いています。

本店監査部による定期監査、抜き打ち検査、店独自で行う店内検査等々があります。本店監査部による抜打検査の日は、当然、事前に知らせませんし、朝の8時半くらいから店の前で待機して内部監査部門が抜き打ち検査に臨みます。顧客からの重要預り物記録簿、渉外預り物件相互チェック表、顧客情報持ち出し管理簿、事務ミス回覧簿等々、あらゆる部分での相互牽制が効いています。地域金融機関のある日の営業店監査で顧客情報持ち出し管理簿を見ていたら、記載の90％以上は営業マンのその一日の顧客訪問リストのコピーでした。すなわち営業マンの手帳のようなもの。外出先から戻ると上司の承認後、シュレッダーにて破棄するんですね。最近はスマホのような端末ですべて処理してますので、紙媒体での持ち出しはなくなっているようです。

銀行の営業マンは外出先からさまざまな書類等を預かってきます。それらはすべて重要預り物記録簿に記帳しなければならないし、営業マン同士が毎日それぞれの机の中やロッカーの中、外出用自転車やオートバイのかごの中を相互にチェックして、報告するシステムになっているのです。これらのシステムがちゃんと機能しているかのチェックが金融機関内部の監査部門で行われています。

それらの内部監査がきちんと行われているかをチェックするのも、私たち公認会計士監査の業務の一部分です。

金融機関も大変です。公認会計士監査以外に、金融庁検査、ある地域の金融機関の例だと10人ほどで1カ月間程度かかります。そして投信も販売しているので、日本証券業協会の立入検査、これも3人で1週間くらいかかります。日銀検査や国税局の調査もあります。これらが同時に3つくらい重なる時があると、さすがに悲鳴をあげていますね。

私たちもよく金融庁検査と重なったりします。人ごとながら監査、検査、考査、調査で大変です。

## ●経理の不正事件と発生防止策

エンロン事件やワールドコム事件そして日本でも西武鉄道事件、カネボウ事件、ライブドア事件など、相次ぐ不正事件の発生により、資本市場の信頼回復が急務となったことから法制化された「金融商品取引法」（SOX法を含む）では、財務報告の適正性を確保するため、上場企業に対して内部統制の構築を義務付けています。ですから中小企業に比べれば不正等の発生の予知は少ないのかもしれません。

この制度は、平成21年3月期から始まりましたが、金融庁の発表でも「重要な欠陥」と判断された、内部統制報告書に記載された例があります。

例えば、

○ 前代表取締役が社内規定による職務分掌や承認手続を無視し、独断で約束手形の振り出しを行った。
○ 前取締役が、定められた取締役会の承認を得ずに債務保証を行った。
○ 内部統制の基本的要素である「統制環境」「情報と伝達」「モニタリング」に不備がある。

上場企業でもこのような事例がまれにはあるようですが、一方中小企業はどうでしょうか？ 中小企業向けの内部統制報告制度の相談窓口も設けられてはいますが、人手の問題もあり、まだまだ内部統制組織まで手が回りきれていないのが実態です。

中小零細企業で経理的不正が起きないようにするには、すべてを一人に任せない、相互牽制を図れる体制にする、常に他人の目に触れさせる、社内規則等の整備並びに実態への変更をも含めた対応を図るとともにその運用もきちんと行う、経理部門や現金管理は経営陣の身内や家族の手から離させるなど……ですね。

まあ、中小企業の経理部門と接して40年以上経過しますが、不正事件はやはり時々起きてしまっています。零細企業に効率的な内部統制報告制度云々というつもりもありませんが、事故が起こってからでは遅いのです。不正が起こらないシステム作りを心がけたいものです。

## 私の「失せ物・落し物」と企業の物品管理・文書管理・印鑑管理等の重要性

日本経済新聞の朝刊の文化欄に「失せ物落し物」のテーマでエッセイストの伊藤礼氏（父は文芸評論家・伊藤整氏）が書いておられたことがありました。これを読んでいて……ん！　全く同感……私と同じような人がいるもんだ！　と感じ入り、そのスクラップが今でも手元にあります。

私が書いたなら、どうなるのだろう？　との思いから「失せ物・落し物」渡辺俊之バージョンを書いてみることとしました。こんな話を書くのは歳とってきた証拠……まあ、年寄りの戯言と思って聞いてやって、いや読んでやってください（本項は伊藤礼氏の文章にあてられて、ときどきイカメシイ言葉使いになっています。ご理解ください）。

伊藤礼氏の友人の家では一日の三分の一は夫婦で探しものをしているという。それを聞いて胸をなで下ろしたのは伊藤礼氏だけではなかろうが、探しものに費やす時間ほど無駄な時間はないですね。作業効率の向上で一番重要なのは、手待ち時間や段取り時間をいかに少なくするかにある。作業を進める前に、物を探していたのでは、作業効率の追求などする資格もない。そこで私の「失せ物・落し物」の話から、物品管理、文書管理等の話にも思いを巡らせてみることとします。

## ●私の失せ物・落し物

### ①携帯電話の紛失4回

電話がかかってきたらすぐ応対できるように、ベルトからすぐに外せる形式の携帯電話保持器具を使用していたことがある。簡単に取り外しができて便利ではあるものの、失くしやすいこととの裏腹な関係がある。私の場合、タクシーの中で落とす場合が多く、失くしたことに気づいた後、自分の携帯に電話をかけると、「はい！　○○タクシーの大井営業所です」と出てくるので、携帯の所在がわかる次第。しかし、タクシーの営業所って、どうして不便なところが多いのだろうか？　大井営業所といっても、大井埠頭の広大な敷地の中の営業所を探すのは至難の業でした。世田谷の営業所も不便なところでした。

ある日、岡山で一緒に仕事をしている会計士の仲間のFさんが私の携帯に電話をしたところ、「ハイ！　姫路駅です！」と出たため、私の友人は電話を切ろうとしたら駅員曰く「あっ、この携帯電話、新幹線の中の落し物です。持ち主の方に電話したのですね？」そして私の事務所に電話が入り、「先生の携帯電話、姫路駅にあるよ～」……。全くお粗末でした。

## ②財布の紛失3回（小銭入れは除く）

みなさんも一度くらい財布をなくした経験はあると思います。私は、小銭入れも数回なくしましたが、財布も3回ほどなくしています。

中央高速道の談合坂パーキングエリアで休憩後、八ヶ岳方面に向かって走り出して20分。また眠くなったので、境川パーキングエリアに止まった瞬間、家にいた妻より携帯に電話が。「あなた！　なんか忘れ物した覚えない?!」ということで、談合坂パーキングエリアで休憩した折、テーブルに財布を置いてきてしまったことに気が付く。なんと、親切な方がインフォメーションセンターに届けてくれていたのでした。財布には私の自宅の電話番号を記載してあったため、電話で連絡してくれたのです。甲府南インターを降り、上野原インターに出て、再度入って談合坂パーキングエリアに戻ったのでした。

いや～助かりました。クレジットカードやら免許証、保険証・公認会計士・税理士登録証等々20枚近くの再発行を考えたらゾッとします。この時、「日本は素晴らしい国だ！」と叫びました。実は3回失くしたうち2回は財布が出てきているんです。「財布には携帯電話番号の記載を忘れずに!!」。経験者は語る！　です。もし走っている最中に電話がかかっていたら出なかっただろうし、自宅に女房がいなかったら、目的地まで走り続けていたのですから、運が良かったのです。

先日私どものグループの常務理事会が松江でありました。会合後の懇親会の席でこの話をしたところ、和歌山のN会計士は3勝2敗（5回財布をなくして3回出てきた）、広島のF会計士は1勝1敗、京都のH先生は2勝0敗（但し小銭入れ）、そして、財布をなくしたことはないものの届けた回数2回の東京のM会計士。

外国でこんなことが考えられるのだろうか？　まずあり得ないでしょう。
ということで、
「日本という国は素晴らしい!!」と叫びたいのです。

## ③失せ物あれこれ
## ＧＰＳ位置情報記録機

私のデジタルカメラ歴も20年くらいになるのだろうか？　写真が好きな訳ではないが、メモ代わりに何でも撮ってしまうため、膨大なファイル数となり収拾がつかなくなっているのが現実。さまざまなデジタル写真整理のためのツールを使ってはいるものの、一長一短がある。

そして、どこで撮影したのかがわからなくなるので、ソニーのGPS-CS1KSPという機械で位置情報と撮影時間をマッチさせて撮影場所をマップ表示できるようにしている。最近のiphone等のスマートフォンには最初からその機能が付いているので、ただ撮りまくれば、自動的にマップに表示されるものの、愛用のデジカメで撮る場合はやはりＧＰＳ情報が必要となる。このＧＰＳ機器がなくなっていることに気づき、再度同じもの（GPS-CS3K）を買う羽目になったのです。

ところが数カ月後､別のショルダーバッグにくっついている所を発見。がっくりです。落し物ではなく、一時的失せ物なのでした。

## 高度計付き腕時計

落としてしまったかな？　と思っていても私の場合は、ほとんど、落としたのではなく一時的失せ物の場合が多いんですね。

高度計付き腕時計なるものがある。私の家は高度27メートルくらいの所に位置している。散歩に出ると必ず帰りは坂を登って来なければならない。そこで高度を保ったまま散歩できるコースはないか？　と模索するうちに、高度計を持ちながら歩けば、坂や階段を登らなくて済むはずと考え、５年以上前にSUUNTO COREという気圧、高度、温度、時間、ストップウォッチ、日の出日の入り時刻等の機能が付いた時計を購入した。

この時計だと、山登りやスキーの際のログ記録ができて便利なんです。そして念願のカナダ・ウィスラースキー旅行に行ったとき、標高差：１６３１ｍ最長滑走距離：11キロのコースのログを取るのを楽しみにしていたところ、いざ出かけようとしたら、SUUNTO

CORE がない！

しかし先述のGPSの例もあるので、再購入はせず、じっと待つことに。すると、やっぱり出てきました。またもや一時的失せ物なのでした。

## 手首式血圧計のUSBケーブル

もう一つ、一時的失せ物をじっーと、待っているものがあります。オムロンのインテリセンス手首式血圧計を購入し、日々の記録をUSBケーブルを通じてパソコンに取り込んでいます。ところがこの特殊なUSBケーブル君、数カ月前から家の中のどこかにいまだに潜んでいます。早く出てこいよ！　と言いたい。

## PC連動万歩計

オムロンの万歩計（HJ-710IT）も3回なくし、これは出てこないのですぐ再購入。それというのも、やはりパソコンにデータ送信して、オムロンのWebサイト（Walker,s index）に送信すると、自分の歩行記録、体重記録が記録されていくためです。２００７年11月から記録を取り始め、この原稿執筆時点（今から約10年前ですが）で１１５６万３６５１歩を歩いて、北海道から沖縄まで行き、現在戻りの最中で、福井県まで到達。私のある年の5月の歩行記録は日別データですが、日別の時間帯別グラフもあるため、深夜帰宅の日も一目了然、深夜帰宅比率等も自分なりに採っています。

## ●物品管理・文書管理等の重要性

地方公共団体の監査や上場会社の社外監査役などあちこちの会社・団体の監査や税務業務に携わっていると、実に物品管理や文書管理の態様《たいよう》はさまざまであると実感します。中小零細企業の場合はまず、内部統制やら内部牽制といった側面からはまだまだ諸規定の整備状況は不十分といえましょう。印鑑管理等も「えっ！ こんなやり方で大丈夫？」というくらいお粗末な企業も散見されます。

地方公共団体や上場会社そしてその関係会社になるとさすがに、諸規定は整備されていますし、J－SOX導入後、財務報告に係る内部統制の有効性を評価した「内部統制報告書」の作成や公認会計士などによる内部統制監査を受けることが義務付けられたため、昔に比べると格段の向上が見られます。

内部統制システムが適正に機能していることを確認するために、さまざまな点検項目が設定されていて、経営全般領域、リスク管理領域、法令等遵守領域、総務・会計領域、企画事業領域、個人情報保護領域等々の観点からチェックがなされています。

リスク管理領域には、リスク管理規定とともに公印取扱規定、金庫管理規定、文書保存規定等々がありますので、それらの諸規定通りに運用がなされていれば、私の個人的な「失せ物・落し物」等が発生するわけがありません。

とはいうものの、やはり事故は起こります。内部統制に関わる諸規定が整備されていても、その運用状況が問題です。

悪意を持った人間が関わってしまえば、事故は起きざるを得ないのですが、事故が起きないような、あるいは起きづらいようなシステム作りが重要です。先に述べたように、日本という国は素晴らしいのです。そして例外はあるものの、基本的には善人の集まり、と信じます。ですから、そのようなシステムが、おそらく他の国よりは根付きやすいはずです。

## 過去の不正事件から ―公認会計士がだまされた手口を考える―

私は以前、あのオリンパスの含み損の飛ばし問題や大王製紙の元会長に対する巨額貸付事件などでメディアにてコメント等を求められたことがありました。テレビのニュース番組などへのコメント出演や長時間にわたる通信社の取材などで、資料の読み込み時間を含めたら大変な時間を割き、その事件について勉強させていただきました。

これから、それらの事件について記していきますが、まずお断りとして、これから書くことはすべて世の中に公表されているもので、業務上知り得た事実ではないということです。インターネットでの情報もあれば日刊紙等の記事に掲載された情報もありますが、要は既に公表されていることをもとにしています。従って、「公認会計士をこうやってだましなさい」という趣旨ではなく、「こういうことをしても無駄ですよ」と言いたいわけです。

あのオリンパス事件を契機に、世界中から日本のガバナンスが批判される中、再度「ガバナンスとは何か?」をテーマに公認会計士監査の期待ギャップについて考えてみることにします。

## ●公認会計士をだます方法

### (手口その1)「郵便ポスト前で待ち受け」―株式会社S・C社―

このケースでは、会社自らが発表した「外部調査委員会による調査報告書のご報告について」(平成22年6月4日付)という資料が公表されています。この中に監査法人の会計監査の指摘を回避するために行われた不正行為及び犯罪行為というくだりがあります。引用します。

[1] 取引先担当者印、取引先会社印(角印)及び取引先代表印の偽造印を用いた有印私文書の偽造

[2] 進行基準に関する会計証憑《しょうひょう》の偽造

[3] 取引先になりすました不正送金による滞留売掛金入金填補《てんぽ》

(I)関与取締役の資金を用いたATMによる当社への滞留売掛金入金填補

(II)ネットバンクを悪用した第三者口座から当社への滞留売掛金入金填補資金の送金

［４］不正経理による第三者口座への不正送金

(I)給料の架空計上による第三者口座への不正送金
(II)ソフトウェアの架空計上による第三者口座への不正送金
(III)上記(I)及び(II)についてのファームバンキングを利用した当社から第三者口座への不正送金

［５］残高確認の監査手続に対する犯罪行為

上記のさまざまな不正行為及び犯罪行為の中で、私たち監査人にとっては信じられない犯罪行為は［５］の残高確認の監査手続に対する犯罪行為です。

監査法人や公認会計士である会計監査人による「残高確認の監査手続」とは、被監査会社の決算時点の売掛金等の残高について、会計監査人がその売掛金等の残高が記載された残高確認状を直接取引先に郵送し、取引先から郵送にて直接回答を得る監査手続で、私どもの監査の実証手続としては極めて重要な証拠力の強い手続きとなっています。

当初会社は、売掛先に対し「監査法人から残高確認状が届くが、記入金額に誤謬があったため、開封せず直接当社に返送してほしい」旨を電話連絡し、取引先から返送されてきた残高確認状に、会計監査上問題とならないような回答記入を行って、偽造した取引先の担当者印又は代表印を捺印、消印が取引先住所地管轄郵便局となるよう、取引先の住所地近くのポストまで出向かせ、監査法人宛残高確認状の返信郵便の投函を行わせていたとの記載があります。

この手口も二回目以降は、監査法人の担当公認会計士が郵便ポストに投函した残高確認状を直接的に詐取することを画策するに至りました。担当公認会計士が投函に向かう際これを尾行し、担当公認会計士が残高確認状を郵便ポストに投函後、その場から立ち去ったことを確認し、郵便局の集配係が来るのを近くで待ち伏せ、集配係が来たところで、「郵便物投函後に、内容に誤謬《ごびゅう》があることに気付いたので、この場で郵便物を回収させてほしい」旨伝え、投函されたすべての残高確認状を回収したといいます。

ここまでやるとは恐れ入りましたと言わざるを得ない行為です。

## (手口その2)「架空組合隠ぺいのためのプレハブ小屋建設」―N社―

この事件は、上場会社の会計監査人の被監査会社に対する損害賠償責任を一部認めた事案として注目されています。

この事件については「判例研究・会計監査人の被監査会社に対する損害賠償責任―大手監査法人の責任が認められた事例」北沢義博氏・大宮法科大学院大学『大宮ローレビュー』(第5号2009年2月)に詳しく書かれています。

N社の取締役11名のうち9名が共謀し、さらに取引業者も協力して行われた粉飾事件です。これも監査法人の売掛金の残高把握のための直接確認の手続きから疑念を待たれないようにするためのだましのテクニックです。

このケースでは、2年間で59億円の架空売上をある架空の組合に対して計上していました。監査法人の売掛金等の残高確認状は、その送り先が架空の組合であると返却されてしまうために、わざわざ架空の組合の所在地にプレハブ小屋を建てて郵便受けを設置し、監査人である被告からの残高確認状を受領するなどの巧妙な方法をとっていたことが確認されています。これは監査人を欺くための偽装プレハブ小屋です。またまた恐れ入りましたと言わざるを得ません。

なおこの事件では、監査法人の手続きに対し、原告である会社(N社)は、

［１］Ｇ地区の工事の「売上及び売掛債権の実在性」について、注文書及び工事完了証明書の調査に留まったのは簡易にすぎる。上記以外に存在するはずの書類の存在を確認すべきであった。

［２］顧客の実在性については、内部統制に依拠することができず、監査人自らが実証した方がリスクが少なく効率的である。

としていますが、これに対し裁判所は、「Ｇ地区の工事の実在性について追加監査手続を実施しなかったのは、『通常実施すべき監査手続』を満たしているといえず、被告の監査手続には過失がある」として一部損害賠償責任を認めています。つまり巨額の工事であったのだから、工事の実在性を確かめるべく現場に行って確認をしないのは手続き的に瑕疵《かし》があるということです。

（手口その３）「資本取引を損益取引にすりかえ」―ライブドア事件―

この事件も大いに世間を賑わせました。そして元監査人自身が『ライブドア監査人の告白―私はなぜ粉飾を止められなかったのか―』（ダイヤモンド社）という書籍を出されていますので、その詳細な手口が明らかになっています。

著者の書かれていることが事実であれば、この手口は、全体像が俯瞰できるようになった事後においてでないと到底わからないであろうと推測されます。先述の手口1や2とは性格が全く異なります。

これらの粉飾のスキームの詳述も興味ある部分です。紙幅の関係もありますので、私どもの税理士法人優和が月2回出している『得する税務・会計情報』第15号・16号（2006年8月）『ライブドア監査人の告白』の読後感その1およびその2をご覧ください（インターネットで検索できます）。

山一證券や長銀、カネボウ等、過去の粉飾事件が倒産回避型を動機とし、その手法も費用の繰延、損失隠し、架空売上計上であるのに対して、ライブドアの場合は時価総額を拡大するための自己顕示型の粉飾動機で、その手法もキャッシュインは現実にあるものの資本取引を損益取引に偽装したり、預金残高は増加するものの実態の伴わない売上計上だったりする点で、旧来型粉飾決算と趣を異にしています。

## （手口その４）含み損の飛ばし行為―オリンパス事件―

オリンパスはバブル期の財テクに失敗して、90年代に千数百億円の含み損を抱えたようです。その後、金融商品の一部を取得時の価格である簿価ではなく、時価で計上するよう会計制度が変更され、含み損を一括計上する必要に迫られたものの、損失を一括計上すれば「会社の決算や株価に影響を与える」と判断。時価会計導入前の２０００年3月期に、前倒しで金融資産整理損として約１７０億円を計上したものの、大半を先送りした後、いわゆる〝損失飛ばし〟が始まりました。

これらの飛ばし行為は、海外の金融機関の預金担保で借入れた資金等を使いながら、英ケイマン島の資金管理会社等を通じて投資を繰り返したり、英国医療機器メーカー・ジャイラス社の３３４億円もの資産過大計上や国内ベンチャー企業3社の７３４億円での高額買取り、証券会社ＯＢや金融ブローカーらの誘いによるコンサル会社への優先株式買取等を含んだ６６０億円もの超高額報酬の支払い等を通じて実行されたようです。

飛ばしに使われた金融商品は悪知恵を凝縮した商品でしょうから、最初は顕在化せず監査法人も気が付かなかったのかもしれません。

しかし、1755億円もの「のれん勘定」の存在（うち1353億円はジャイラス社）、ベンチャー3社の734億円もの高額買取りの翌年の556億円の減損損失の計上、監査法人の反対を押し切って行った「ジャイラス」の買収に伴う米投資助言会社への優先株による支払い強行等を見ていると、会社側と監査法人間で相当のせめぎ合いがあったのではないかと感じられます。

私も、テレビでこの事件のコメントをするにあたり、テレビ局から渡された膨大な資料につぶさに目を通しましたが、国内ベンチャー企業3社の株価鑑定報告書などは、素人が見てもわかるような幼稚な将来収益の過大見積りですから、734億円で購入した後、おそらく監査法人の強い指摘で翌年に556億円も減損させられたと考えます。その後、この会社の監査は別の監査法人に替わっています。

国内ベンチャー企業3社の評価に使われたDCF法という株式評価方法は、将来5年間に得られるキャッシュフローを見込んで、それを現在価値に直して評価します。このキャッシュフローの見込みは、鑑定した公認会計士の報告書を見ると、取締役会で決議された経営計画書は正しいという前提で評価しており、一切数字の補正はしていないとの自己保身的前提で計算しています。別の日刊紙の報道によると、「経営計画書の数字はこの会計事務所が見積もった」という、事実とは異なると思われる記載さえあります。

一方、「『高額買収』された国内3社の２００８年度売上高見通しが5億円しかないとする社内調査の結果が、２００８年2月22日の取締役会で報告されていたことが分かった」といった報道もなされています（毎日新聞　２０１１年11月17日）。

両者の記載内容が正しいとすると、この経営計画書は、全く別の第三者が作成したとしか考えられません。

いずれにしてもこれら一連の不正行為は、一部の経営者による悪意の処理であり、監査人との間の相当なせめぎ合いがあったものと推測される事例です。内部統制制度が有効に機能している前提での監査ですと、悪意をもって虚偽記載行為を巧まれると、そこに監査制度の限界が見えてきそうです。

そこで次項では、コーポレート・ガバナンスのあり方と、公認会計士監査に対するエクスペクテーション・ギャップ（期待ギャップ）の話を取り上げてみたいと思います。

# 企業の品格と価値はガバナンスが支える ―公認会計士監査と期待ギャップ―

## ●あのオリンパス事件が投げかけたもの

事件前、内視鏡の市場で世界の70％のシェアを有し、最高の技術を有していたグローバル企業であるオリンパス。あの事件は「開かれた社会」の中に「閉ざされた日本企業」の実態を露呈してしまった感があります。そして、日本企業のコーポレート・ガバナンス（企業統治）についての信頼を著しく失墜させるとともに、そのガバナンスを支えている公認会計士監査のあり方についても、私たちの業界に課題を突きつけました。

事件の特徴は、前社長であるイギリス人が自らの会社を告発した点にあります。他方、日本人で構成する取締役会は「問題を先送りする意思決定」をし、個人個人が数十億円の代表訴訟のリスクを回避してしまった点にあります。

その結果、この事件の公表を受けて会社は存亡の危機に瀕してしまいました。株価は暴落し、従業員も路頭に迷うかもしれないと当時は思ったものです。数人のトップ経営陣による自己保身の意思決定が、従業員をも含めた全世界のステークホルダー（企業の直接・

表12　政府が打ち出した企業統治強化策まとめ

| | |
|---|---|
| 会社法 | ・社外取締役の選任義務付け<br>・社外取締役の要件の厳格化<br>・監査法人の選任権や報酬決定権を監査役に移管 |
| 金融商品取引法 | ・企業買収などの情報開示の拡充<br>・虚偽記載などの罰則強化 |
| 取引所規則 | ・上場廃止基準の見直し |
| 不正監視 | ・証券取引等監視委員会の体制強化 |

間接の利害関係者）を落胆させてしまったのです。

会社が公表している二つの第三者委員会の調査報告書を読んでいると、この会社の従業員が気の毒でなりません。

発端は月刊誌『FACTA』のスクープ記事ですが、記事に書かれていたことは有価証券報告書において公表された事実です。ちょっと分析すればわかってしまう事実を「身内だけで処理」しようとしました。しかし「外部」は見ています。オリンパスは、身内だけで物事を決める閉じた社会から開かれた社会へ移行できていない会社だったのかもしれません。

## ●経営監視制度見直しへ

オリンパス事件の問題で、優良企業だったはずの同社のガバナンスと監査役会、さらに監査人制度などの機能不全が浮き彫りになってしまいました。そしてさっそく、法制審議会では、社外の目で経営について助言したり監視する制度の見直しを始めました。日本取締役協会でも「取締役会の監督機能の充実に向けた機関設計に関する提言」とする意見書を出しています。

このとき、政府も企業統治強化策を出しました（表12）

さまざまな強化策が打ち出されていますが、ガバナンスに関して強く意識していると思われる「委員会設置会社」—取締役会の中に指名委員会、監査委員会及び報酬委員会を置く株式会社—はソニー、東芝等63社しかありません（日本取締役協会調べ・本原稿ブログ原稿作成時）。社外取締役を置いている会社も、やっと2011年に東証一部上場企業の50%を超えたにすぎません。

そして社外取締役よりもさらに独立性の高い非執行の取締役である「独立役員制度」—制度詳細については税理士法人‐優和‐コラム第99号「独立役員制度とコーポレートガバ

ナンス」をグーグル検索して、ご参照くださいーとなると、制度設置が有価証券上場規定に定められているにもかかわらず、東証一部の選任企業577社のうち35％にしか設置されていません（日本取締役協会調べ・本原稿ブログ原稿作成時）でした。

まあ、さまざまな改革が行われようとしていますし、今までも行ってきているはずですが、企業の不祥事は後を絶ちません。その中でも「オリンパス事件」と「大王製紙事件」は何を示唆しているのでしょうか？

内部統制の枠外の問題として捉えていいのでしょうか？　トップの誠実性・倫理観が統制環境の中核と位置づけた時、それを監視する取締役会とその執行を監視する監査役会の役割が、また財務報告に関する内部統制に関しては会計監査人（公認会計士・監査法人）の役割が、ますます重要になってきます。ガバナンスの仕組みとしての立派な器を作っても中身が伴わなければ、すなわち仏を作っても魂が入らなければ、まったく機能しないのです。

## ●外部監査制度とエクスペクテーション・ギャップ（期待ギャップ）

監査役会は内部統制の番人です。つまり取締役会の職務執行の監視をします。ワンマン型、あるいは神様型のトップだと、取締役会には何の意見も言えない風土が出来上がります。しかし、利害関係のない社外から招いた取締役や監査役がいると、実に風通しのよい議論が取締役会で行われるようになっていきます。

事実、私が関係していたところも、もともとガバナンス意識を各役員がしっかり持っていたアドバンテージがあったとはいえ、年の経過とともに風土が今まで以上に風通しよく変化していきました。ここは常勤の社外監査役の果たしてきた役割も強かったことと、それを受入れる経営トップの姿勢があったからとも言えます。私としても、「経営の執行と監督の分離」「所有と経営の分離」を、座学でなく実体験として体感する思いでした。

さて会計監査人は、監査役そして取締役とも密接な連携を図って円滑な情報提供を確保しなければなりません。外部監査の本質はこのあたりにあるのかもしれません。その意味で会計士監査は、国税局の税務調査や金融機関に対する金融庁検査等とは本質的にその意義が異なるのかもしれません。

外部監査は、内部統制が十分に機能しているという前提に立ち、経営陣との信頼関係を拠りどころに、社内監査部門との連携の中で、経営者が責任を持って作成した財務諸表という「経営者の言明書」に対して意見を表明します。

税務調査のように職権で金庫を開けさせたり、PCの内部情報を見たりする権限はなく、取引先に対する反面調査の権限もありません。代わりに、強力に保持されている守秘義務を前提にした信頼関係をもとに相手の了解を得た上で、現金、有価証券、手形、棚卸資産等の実査をしたり、さまざまな議事録や稟議決済書類等を拝見します。

「継続企業の前提」―いわゆるゴーイングコンサーン―を判断する場合には、企業の将来設計を左右するような機密情報を拝見しないと判断できない場合も生じてきます。その場合も、権限ではなく、あくまで信頼関係がベースになります。このあたりに会計士監査の限界があるのも事実ではありますが、しかし不正や虚偽記載を見落としてよい訳がありません。

「なぜ監査法人は、このような不正を見抜けなかったのか？」と事件が起きるたびに多くの報道がなされます。また「不正を知っていたとしても、企業から報酬をもらっているのだから、会社に不利となるような意見を言えるはずがない」といった指摘をも受けます。

しかし、オリンパスの例では、監査法人側もこの取引が不合理なものと指摘していました。それを受けて会社側は第三者委員会（いわゆる２００９年委員会）に意見を徴《ちょう》しましたが、多くの留保条件をおいた不完全な報告書に終わり、監査役会も監査法人もその後の追及を行いませんでした。２０１１年12月の第三者委員会の報告書がこの点を指摘しているところを見ると、監査役会並びに監査法人側は取引の異常性、不整合、不釣合等の兆候を感じていながらも中途半端な追及になってしまったのかもしれません。

オリンパスの例でも、第三者委員会の調査報告書は要約版15頁で「『飛ばし』の全貌の発見は困難であったと認められる」と記述しています。つまり〝そこまでは求められない〟ということでしょう。それほどまでに、極めて複雑な資金の流れとなっていたようなのです。第三者委員会ですら監査の限界を認識している記載ぶりですが、このあたりに期待する側とされる側との意識のずれ、すなわち、エクスペクテーション・ギャップが存在しているのです。

## ●不正事件と監査人の責任

オリンパス事件の業界への影響は計り知れないものがありました。当時、青山学院大学大学院教授であった八田進二氏は「日本の監査は存亡の危機」（経営財務2311114）とさえ言っています。これに対してどう対応すればよいのでしょう？ 監査法人の選任権や報酬決定権を監査役に移管する改正案、また、監査法人の報酬を被監査会社から貰わない仕組みを作る案も出ており、その後一部実現していますが、いずれも本質的解決策ではありません。

監査論的には、「監査の本質は二重責任の原則にあるのであって、財務諸表の作成責任は経営者側にあり、監査人は経営者の責任において作成した『言明書（アサーション）』である財務諸表に対する意見を表明するだけである」と考えます。一般の方からすると自己弁護に聞こえるかもしれませんが、むしろこのほうが監査人としての感覚に即しています。

私も含め、その立場の監査人たちは「不適切な会計処理の責任は経営者にある」という原則を守った上で、「監査人は監査手続き実施にかかる責任においてA：正当な注意を払ったのか　B：正当な注意義務を怠ったが、その程度は限定的だったのか　C：正当な注意義務を明らかに怠ったのか」と問おうとします。しかし、このような監査論的な問い方は、一般の方にはその意義と有効性がなかなか理解されません。ジレンマを感じるところです。

## ●不正と内部統制実務の変遷

ここで少し、不正会計と監査の関係への取組みが、過去から現在に至るまでどのような歴史をたどったかを先の八田進二氏の研修会レジュメをもとに、まず米国を中心にふり返ってみます。

・1970年代前半── 経営者は正直であることを前提にして、監査プロセス固有の限界を強調していた。

・1977年── その後、監査人は、専門家としての技術と注意を行使するならば、通常発見しうるであろう違法行為又は疑わしき行為を摘発することは自らの責任であることを認識すべきである（1977年「監査基準書」SAS）第17号）とされた。

・1988年── 「監査基準書」SASの大改定で、「経営者は正直でない」とか「経営者は正直である」との前提をおいてはならないことが強調された。しかし、その後も米国での不正事件はなくならなかった。
・1996年― 不正を示す用語が「irregularities（不正行為）」から「fraud（詐欺）」に変更され、職業専門家としての懐疑心を堅持することの重要性が強調された。
・2002年― エンロン事件後には「財務諸表監査における不正の検討」（SAS第99号）として、不正のトライアングルの考え方を受け入れて、重要な虚偽の表示が行われる際のリスク要因を分析した。つまり、A：動機・プレッシャー B：機会 C：姿勢・正当化 の不正のトライアングルが揃ってしまうと不正が起きるという認識がなされた。

いっぽう日本では、
・2003・2007年― 公認会計士法改正で監査制度の規制強化
・2006年― 「法令違反等事実発見への対応」の新設（金融商品取引法第193条の3）
・2011年9月― 「循環取引等不適切な会計処理への監査上の対応等について」会長通牒平成23年第3号

・2011年12月――「最近の企業不祥事と監査対応について」会長声明

この後もさまざまな取り組みがなされてきましたが、このような変遷を経てきています。アメリカよりはるかに遅いものの、それなりに考えられてはいるわけですね。しかし事件は起こっています。

## ●不正会計処理と今後の課題

内部統制制度による監視機能は、取締役会↓内部監査部門↓監査役（会）↓公認会計士監査と続いて、そのアンカー役を務めるのが外部監査人たる公認会計士監査です。

アンカー役である会計監査人は、独立性を堅持しつつ、しかも監査役、そして取締役と密接な連携を図って円滑な情報提供を確保しながら業務を進めていかなければなりません。

独立性をさらに高めるためには、監査人に対する報酬を会社以外の第三者機関から支払わせるという議論や、監査人に税務当局のような反面調査権を持たせることによって監査の限界を取り除くという議論もありますが、現行の公認会計士監査の本質からしたら、それで問題が解決するというわけではありません。

有効に機能したコーポレート・ガバナンスと内部統制制度のもとに、取締役会・監査役会・監査法人等外部監査人の三者の信頼関係に基づいた良好な監査環境が築かれ、監査法人等の強力な指導性が発揮される監査が行われるようになればと考える次第です。

「オリンパス事件」や「大王製紙事件」が内部統制の枠外の問題となってしまったことの原因は、長年にわたって培われてきた企業風土にあり、そのような風土を生み出す企業文化にこそ求められるべきであったのかもしれません。このような悪しき企業文化を醸成してしまったのは経営トップの責任でもあります。

統制環境の中核に据えられるものは、監査論的に考えても、トップの誠実性や倫理観をおいて他にはないのです。である以上、経営者の「心の問題」にまで影響し得るような人間的包容力と影響力が、会計監査人には必要なのかもしれません。

つまりマン・ツー・マンコミュニケーションが重要であり、経営者へのインタビューが重要な監査手続きとなり、「人間観察力」が監査人自身に問われるのです。

最近の若い人中心の監査現場をみると、「マン・トゥー・ディスプレイコミュニケーション」、つまり、スマホ画面でのコミュニケーションばかりが得意で、目と目を合わせたフェイス・トゥー・フェイスのコミュニケーションに欠けていると思わざるを得ません。

一方、オリンパスを担当した監査人は経営者の交代にまで踏み込んでいます（第三者委員会報告書185頁の12行目参照）。監査業務とは何かが、ますますわからなくなってきました。

第3章

# 会計人から見える日常生活（世界）のおもしろさ

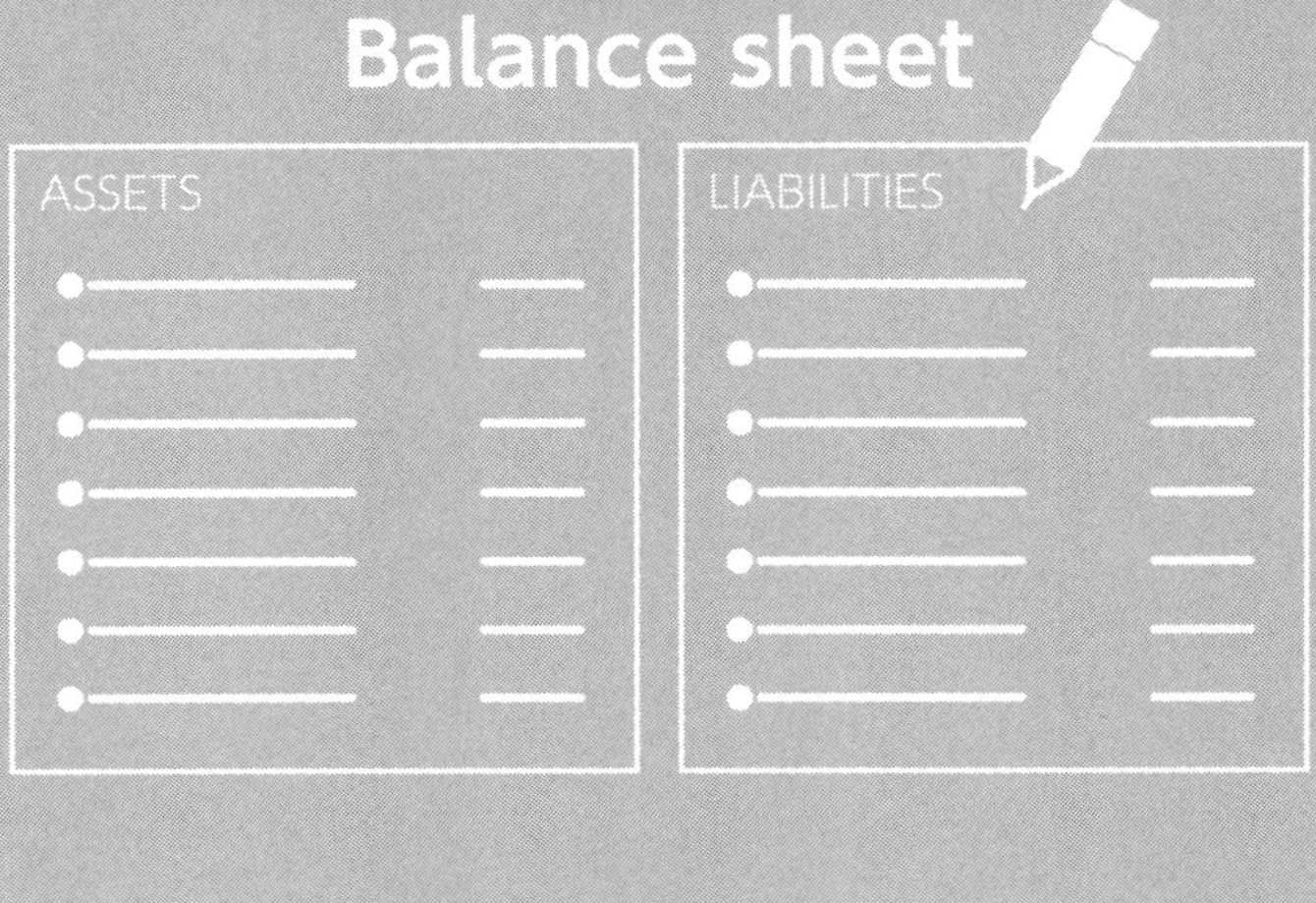

## 老後の生活を考える ―税法改正と生活設計の変更―

高齢者の仲間入りをし、下り坂の人生に突入してくると、健康維持の話やら老人ホームの話、小学校時代の話やらで盛り上がってしまいます。そして相続税法の改正の話もだんだんに他人ごとではなく身近な話題になってきています。

そこで、税法改正が人生や生活パターンにどのような影響を与えているのかを考えてみることにしました。税理士でもある私の随筆なのに今まで税金の話をしていないことに気がつきました。その前に、まずはクラス会の話を。

### ●50数年ぶりのクラス会

小学校のクラス会が53年ぶりに開催されました。苦労して探し当てた住所録をもとに案内をしたところ、クラスメイト45人中で、所在が判明したのは20人。そして18人が集まり、それこそ半世紀ぶりに再会しました。

なぜ、クラスの半分以下しか所在がわからなかったのか？　一言でいえば、12歳で卒業以来、一度もクラス会を開催していなかったからです。そしていまだに同じ場所にいるのは、私一人だったことも起因しているかもしれないからです(その後もう一人確認)。東京の港区という中心部にずっと居住していられたのは、港区の多くが地上げされて再開発され、街ごとなくなってしまったものの、私が住んでいる場所はお寺が多く開発対象外だったことが幸いしたようです。

通常、40歳代、50歳代で開催するクラス会の出席率が90%ということは考えられません。なぜか? 人生真っ盛りの間のさまざまな人生模様が繰り出され、過ぎ去ったわが身の人生をいまさら問われたくない心情もあり得るのでしょう。六、七歳の物心がついた人生の入口付近で出会い、すれ違い、そして人生の出口近辺でまた出会ってすれ違いつつある私たちクラスメイト。そして、残された人生も指折り数えられるような時間になり、途中経過に関係なく「人生って何?」と、その出口付近で再会している私たちに、再度問いかけています。

小林秀雄の『無常といふこと』という文章があります。「僕等が過去を飾り勝ちなのではない。過去の方で僕等に余計な思ひをさせないだけなのである」――いまだに難解すぎて、理解し難い文章ですね。

小林秀雄は「思ひ出は美しい」のはなぜなのかと考えます。

私の場合は、いまだに超過密スケジュールの消化をし、充実？　いや追いまくられている〝今〟を過ごしていると錯覚しているとはいえ、これからの人生、所詮、消化試合。「いやいや消化試合じゃない！　追いまくられているんではなく、充実しているんだ！」と、意識的にそう思い込むようにしないと仕事は楽しめないんでしょう。とはいえ、未来は残り少なく、過去のウエイトばかりが重くなってくる。過去はいまさら飾っても意味がないんですね。

「過去から未来に向つて飴の様に延びた時間という蒼ざめた思想」――この文章になるとさらに難解です。比叡山坂本駅《ひえいざんさかもとえき》の側、日吉大社《ひよしたいしゃ》。小林秀雄氏は歴史を積み重ねたこの場所にたたずんでは「永遠」を考えたのでしょうか？

生と死がテーマの小林秀雄のことをまずご紹介したのは、「美しい思ひ出」話に浸りながらも、小学校に限らず、最近の度重なるクラス会の開催はなぜ？　を探りたかったのです。

## ●理想の死に場所を求める権利を阻害する税法改正（小規模宅地の評価減）

「美しい思ひ出」話に浸りながらも、私たち後期高齢者直前の話題は介護の話へと自然に移っていきます。親の介護、配偶者の介護等々……。

そして、介護の後は相続発生、ということで相続税の話になります。私の事務所の税務クライアントの身近な話をご紹介しましょう。

### （ケースA）理想の場所を求めて……

赤坂の繁華街にビルを所有し、そこで長年居住されている方がいます。子供の教育上の問題で郊外に転居。昭和60年代の居住用財産の敷地は30％の小規模宅地の評価減でした。

その後、相続税の評価上、居住用宅地については、8階建のビルのワンフロアーに住んでいても敷地全体が80％の減額対象になる改正のことを聞き、相続税負担額のあまりにも巨大な違いに、再度赤坂の自己所有ビルの一室に引越し。ところが平成22年の法改正で「居住用の部分と貸付用の部分があるマンションの敷地等については、それぞれの部分ごとに按分《あんぶん》して軽減割合を計算する」と改正されてからは、さあ大変。孫夫婦家族の教育も考え、一戸建てでかつ地価がそこそこ高い家探しです。小規模宅地の評価減の減額効果のあまりにも大きな格差を取り戻すべく、家探しですが、まだまだ探せていません。

建物完成前に相続発生してしまったらさらに悲劇です。建物が完成すれば、建物の固定資産評価額が相続税の評価のベースとなりますので、2億円の豪邸でも評価はせいぜい6000万円強。それが建物完成前で1億6000万円ほど支払った段階で相続発生となると、まだ建物完成前なので前払金としての1億6000万円の7掛けの1億1200万円の評価となってしまいます（建築中の家屋の評価）。

## （ケースB）理想の場所を求めて……

老後は夫婦二人で超高級老人ホームへと考えている方は、最近とても増えてきました。億近い金額の終身利用権付きの老人ホームもあります。食事や医療の設備のことを考えたら、そんな選択肢も考えるのかもしれません。

しかし注意が必要です。老人ホームへの入所により、空家となっている自宅建物の敷地についての小規模宅地の評価減の特例を受けることができるかどうかが問題です。老人ホームが居住の用に供する（生活の拠点である）か否かの判断は、以前は左記の4要件を満たす必要がありました。

本原稿をブログにアップした以後の平成26年1月1日からは左記の2と4の条件は廃止されています。

とにかく税法は度々変わるので、理想の死に場所を求めるにしても、おちおちしていられません。

1 心身の理由により介護を受ける必要がある
2 元々の居宅がいつでも生活可能なように維持管理されている↓廃止
3 老人ホームへの入居後に居宅を他者に賃貸等していない
4 老人ホームについて所有権又は終身利用権を持たない↓廃止

右記2と4の要件は廃止されましたが、相続開始時点で要介護認定、要支援認定、障害支援区分の認定を受けていたことが必要となりました。

毎月の使用料だけを払うという老人ホームであれば、ややこしいことを考えなくて済むのですが、とにかく小規模宅地の評価減を使える場合と使えない場合では、相続税の納税額に雲泥の差が生じてしまいます。
税法の改正を注意深く見ていないと、理想の死に場所も探せなくなります。

港区の高級住宅街に住んでいる90歳代の私の税務のクライアントは終身利用権付き老人ホームであったため、小規模宅地の評価減が受けられそうもありませんでしたが、税法改正によって評価減「セーフ」になると喜んだものの本人は至って元気で、介護認定法による要介護認定を受けられる状態ではないため、現状では空家となった自宅の小規模宅地の評価減が受けられず納税額に３０００万円以上の差が出てしまうと嘆いています。

しょうがないから、60歳近くになる息子夫妻を老人ホームに送り込むか、なんて、半分冗談ともつかない話をしています。まあ、本人夫婦は90歳くらいになっていますので、認知症の疑いが見られたら60歳の息子は早めに認定の申請をしておくことです。認定が受けられれば60代の息子夫婦が老人ホームに入って、90歳代の親夫婦を自宅に連れ戻すなんてことをする必要がなくなります。

## （ケースC）理想の場所を求めて……―老後のエリートになるために―

老人ホームの終身利用権は夫婦のみ終身利用できる権利ですが、墓地の永代供養料は永遠にそのお寺が供養してくれます。永遠ですから期限はありません。それを考えると永代供養料って安いものなのでしょうか？

さて、漫画『サザエさん』の時代の磯野家は、息子夫婦と同居でした。こんな文化は、都会では今ほとんど残っていません。「娘夫婦と同居する」。これはまだ残っている文化ですが、それでも2世帯住宅。長寿化で介護を家族に期待したら、老々介護になってしまう。そこで、そこそこお金を持っている人たちは、最後は老人ホームに入る。では、老後のエリートになるためには、どうすれば良いのか？

自立型の住居の場合と長期介護型の住居の場合とで入居費用が異なるようですが、伊豆半島のある長期介護型の住居の入居一時金は70歳～79歳で５０００万円。80歳以上３４００万円。二人入居の場合は１６００万円を加算（配偶者のみ）だそうです。

これが蓄えるべき資産の目安。でも入居しただけではだめです。私のクライアントの例では、当初は月々平均24万円くらいの費用（食事代込・光熱費別）でしたが、ご主人が病で倒れられ別棟の個室に移ってからは平均35万円、奥さん一人分としても20万円くらいが毎月引き落とされています。これが確保されるべき定期収入の目安でしょうか？

半世紀前の『サザエさん』の磯野家の時代が懐かしいです。そういえば我が家も、嫁の立場の我が母が、寝たきり生活17年の祖母の介護に最後まで尽くしました。その息子である私の家族は、最初は二世代住宅。母亡き後は、父と同居でした。

## 京都の家の間口はなぜ狭いのか？

2011年に衆議院議員の衛藤征士郎《えとうせいしろう》氏主催の早朝勉強会で竹中平蔵《たけなかへいぞう》氏の講演を聞きました。テーマは「東日本大震災と日本経済の行方」。その中で復興財源の話をされていました。大いに共鳴する部分があるのですが、現実は竹中氏の考えとは別の方向に進んでいました。一時的な支出対応のために増税をして税金を取っていいのだろうか？　税金とは何なのかと、問い直してみたい気持ちになりました。

所得税という税金は、イギリスがフランスと戦う戦費調達のために始まったとされます。またフランスに消費税が始まった理由は、パリを訪問する外国人から税金を取るためだったともいわれています。

宮古《みやこ》・八重山《やえやま》地方にあった人頭石《じんとうせき》(およそ143cm)は、成人になると一律に人頭税という税金を取るための成人の目安としての石です。税金逃れのため久部良割《くぶらばり》(与那国島)などの悲劇をも発生させています(詳しくは後述)。税負担は農民に対する地租が大部分で、最初は商工業者には税金はかからなかったのです。

日本では、富裕税としての所得税、法人税としての第一種所得税の徴収は1899年(明治32年)からです。日本の相続税は1904年(明治37年)に起きた日露戦争の戦費調達のために1905年1月1日に施行されました。当初は臨時税として構想され、実際徴収された相続税は戦費の0.1%に満たなかったのですが、当時のヨーロッパでは恒久税をとる国があったため、結局日本でも恒久税として定着していったのです。明治憲法体制下の1900年には大選挙区制度の導入がありました。日露戦争を前に地租増徴《ちそぞうちょう》のために政党の協力が必要となった藩閥政府は、地主を選挙基盤とした当時の政治家には増徴が受け入れられるはずもなかったので、大選挙区制度にして議員の賛成を得られやすくしたのだそうです。

古今東西、税金はその当時の支配者によって都合よく、もっともらしく徴収されているのですね。東日本大震災の復興財源も東北地方の方たちをダシにして恒久化していくのでしょうか？（本原稿執筆時点では、復興債10兆5０００億円発行、その財源は法人税・所得税の「定率増税」で10兆3千億、しかし復旧・復興事業の総額は10年間で23兆円と明記されましたから、不足分は消費税増税等しかないのでしょうか？　前述した「埋蔵金」とも言えそうなお金にも目を向けてほしいです）

さて、そこでまず税金とは何なのかを考えてみましょう。そして税金が社会構造を変えてしまっている点にも目を向けてみましょう。

## ●税金とは何か（収益説・出資説または義務説）

**【収益説】**

収益説は、社会契約説的な国家観を背景として、租税は国民が国家から受ける利益の対価とみる考え方です。国家が財やサービスを国民に提供する見返りに、売上として対価をいただく。

税金を政府に支払った段階で、国民と税金の関係はきれいさっぱり消えてしまい、お金は政府のものになってしまうとも考えられます。税金が入ってきた瞬間に、法律上は国家がどのような形で使ってもよい〝売上金〟とみなす考え方です。東京都や大阪府はこの方式の財務諸表を作成しています（通称東京都方式と言い、現存する固定資産をすべてリストアップし、原則として取得原価により固定資産を評価。発生主義的な日々の財務会計データから固定資産情報を作成）。

**【出資説】**

地方自治体の主たる財源である税収について、所有者からの拠出とみなして、損益計算書（P／L）上の収益ではなく、純資産の変動（資本に該当）として、貸借対照表（BS）とその純資産の部の内訳である純資産変動計算書に計上するという考え方です。

つまり税金は国家に対する出資で、国民が税金を支払ってその財産権が政府に移転したとしても、それは民間企業の株を買うことによってその会社の実質的所有権の一部を買ったのと同じように考えます。従って税金に対する権限は国民の手元に残ることになります。

この考えに立って考えると国家は株主である国民からお金を預かっているにすぎず、税金を好きなように使っても良いということにはならないとの理屈付けです。しかし国際的に発生主義会計の導入が進んでいるイギリスやニュージーランドでも、アメリカ、カナダ、オーストラリアでも、国際公会計基準でも、税収は資本であるという主張はありません。

従来は日本の市区町村の大半は、出資説によったところの総務省方式改定モデル（全体のおおよそ90％）や基準モデル（全体のおおよそ10％）で財務諸表を作成していました。今では「統一的な基準による地方公会計マニュアル」のもと、平成27年～29年度までの3年間で統一的な基準による財務書類等が整備されたところです。

昔の総務省方式改定モデルでは、固定資産台帳は過去の建設事業費の積上げにより算定し、段階的に固定資産情報を整備すればよいとされていましたので、実際は固定資産台帳が存在しない市町村がたくさんありました。公有財産台帳はありますが、金額が記載されていなかったりしたようです。

従って、建設事業費の積上げにより算定した固定資産台帳ですから細目《さいもく》がわかりません。

細目がわからないために減価償却累計額も把握できず、将来の設備更新のためのコストがどのくらいあるのかが今のままでは把握できないのです。

ですから複式簿記にのっとった基準モデルもしくは東京都方式を採用しなければいけないと私は主張していたのですが、やっと統一的な基準による財務書類等の整備が進んでいます。

## ●国家って何? 石器時代から縄文文化へ

税を考えることは国家を考えることに直結します。そもそも国家って何? と考え始めると人類の発生までさかのぼらなければならなくなります。石器時代はその日暮らしの食物の確保が生活の主目的だったのでしょう。その後、石器の作り手と使い手が別れ始めた旧石器時代の後半は、物々交換と分業が始まりました。

このようにして、獲得した食物の保存のために土器が生まれ、縄文時代や弥生時代になると稲作も出てきます。食料生産の労働から解放された一部の人間は、特殊な職務に従事して文明の専門的分野を担当し始めます。ここに文明が生まれ、複雑化した社会はやがて都市と階級と政治的組織が生まれます。そしていよいよ国家が生まれるのです。

東日本大震災の支援として私は石巻の避難所に炊出支援に行って、人間の原点を感じました。「人間は定住しているんだ」と。当たり前のことですが、生活するために居を定めるという原点を考えていくと、人類の発生までさかのぼっていきます。

昔、東京・新宿駅の西口地区には数えきれないほどのホームレスが定住していました。それをじっと見ながら考えたことがあります。「ホームレスにも格差が生じてきているな」ということ。所持品やらホームの規模をみるとわかります。そしてリーダーシップを取って撤去反対ビラのようなものを配っている人が出現していること。この地域は、石器時代から縄文弥生の時代にかけて社会が複雑化していった経過の縮図のようでもあると感じたものです。

国家維持のためにはコストがかかります。そして各時代の支配者がさまざまな理屈を後付けして税金を徴収するのは先述したとおりです。税金を取られるほうも、いかにして負担を少なくするのかに頭をひねるのはいつの時代でも同じようです。そして両者のせめぎ合いは、社会構造すら変えてしまうのです。

## ●税の社会構造変革効果

与那国島にある人頭税にまつわる久部良割の話は先に少し触れましたが、これは妊婦に崖を飛び越えさせて、越えられない者はそのまま海の中に消えてしまうという残酷な人減らしの話です。島が税を逃れるための苦肉の策でした。そして「老後の生活を考える─税法改正と生活設計の変更─」では、宅地の評価方法が変わってしまったため、自宅を転居せざるを得なくなった人の話をしました。それほど税制の変化が社会に与える影響は大きいのです。その事例をいくつか挙げて見ましょう。

### ①京都の間口税《まぐちぜい》

江戸時代の京都では、家の間口の広さで税金が決まる「間口税」というものが存在していました。家の間口3間(約5・4m)ごとに税金をかけたそうです。京都の町を歩くと、〝鰻の寝床〟のような、間口が狭くて奥行が長くなっている細長い家が結構あります。これは節税のためにこのようになったそうです。(参考:清水寺近くの五条坂付近)

中世のオランダにも、窓の数を基準とする「窓税」があり、これが間口税へと変化したのかもしれません。オランダの家も間口が狭く、奥行きが長い造りになっていて、外から見ただけでは家の構造がわからず、奥のほうに秘密の隠れ部屋を造ることができる構造になっているようです。『アンネの日記』はこのような秘密の隠れ部屋で書かれたのです。ユダヤ人の悲劇を描いたこの本と税制が関係していようとは、読んだ当時は想像だにしませんでした。

## ②幅広になった北前船

北前船《きたまえぶね》とは、江戸時代から明治時代にかけて、上りでは対馬海流に抗して、北陸以北の日本海沿岸諸港から関門海峡を経て瀬戸内海の大坂に向かう航路（下りはこの逆）を行きかう船のことです。これは千石船《せんごくぶね》ともいわれていましたが、この千石船は次第に幅が広くなり、中には二千石《ごく》も積める船もありました。これは松前藩が入港する船の長さで税をかけたため、船主たちが長さを変えず幅を広くした結果だといわれています。

京都の間口税を原因とした鰻の寝床も、北前船も、租税回避行為の結果です。いつの時代でも租税回避にまつわるおかしな話がたくさん出てきます。現代ではますます税制が複雑になってきていますから、節税やら脱税に手を出したくなるのでしょう。そのあたりは

「税金に対する経営者のタイプの違いと考え方の変遷」（154ページ）で触れました。

昔だったら、人減らしをしたり、家の間口を狭くしたり、船を幅広にしたりで対応できたのでしょうが、今のように複雑化し、かつグローバルな世界になってくると、税の社会構造に及ぼす影響は計り知れません。地球規模での国家戦略というより、国を超えた宇宙の中での地球という視点で物事を考えないと、日本国ばかりでなく、地球そのものが消滅しかねません。しかし、国家や民族の間で価値観の違いを克服するのは大変なこと。永遠の課題なのでしょうか？

## 福澤諭吉と遊女の贋《にせ》手紙 —これからの教育のあり方を考える—

### ①江戸時代の勉強法とこれからの教育

1万円札の福澤諭吉に興味を持っています。別に1万円札に憧れているわけではないのですが、福澤諭吉は『帳合《ちょうあい》之《の》法《ほう》』という複式簿記の解説書を日本に初めて紹介してくれた日本人であるからです。こういう視点で福澤諭吉を捉えるのは私ぐらいかもしれません。通常は近代日本最大の啓蒙思想家、あるいは慶応大学関係者ならば慶応義塾の創設者としての視点から福澤諭吉との接点を持つのでしょう。私は慶応大学の出身ではないので、今まででそれほど興味の対象ではなく、「1万円札の福澤諭吉」という程度の認識でした。しかし最近になって、それらの理由から福澤諭吉に興味を持ち始めました。

江戸時代当時、江戸の人口はパリやロンドンの人口60万人をもしのぐ世界一の100万人都市になっていました。加えてこれに銀の世界産出量の3分の1を誇った鉱業大国日本の技術があった。経済の経理技術的インフラである複式簿記が江戸時代前半に日本で普及していたら、日本発の産業革命が興った可能性すら否定できない……というようなことを本稿で書き綴っているうちに、福澤諭吉のことを知りたくなったんですね。

京都からの出張の帰りに京都駅の本屋で手にしたのが、『現代語訳　福翁《ふくおう》自伝』（ちくま新書・齋藤孝編訳）。激動の時代を痛快に、さわやかに生きた福澤諭吉の破天荒なエピソードがいっぱい詰まった本書にぐいぐい引き込まれました。ということで、『帳合之法』について書こうと思ったものの、ちょっと寄り道を……。

諭吉の父は、福岡県中津の出身ではあるものの、豊前中津《ぶぜんなかつ》奥平藩《おくだいらはん》の大阪の蔵屋敷の金銭管理役を勤め、諭吉はその父親の末っ子として生まれました。諭吉の父は今ふうにいえば「福岡県大阪営業所年貢米・特産物等管理課出納《すいとう》係長」程度の下級役人だったのでしょうか？

諭吉の父は45歳で早死にしたため、一家で郷里・福岡県中津に戻り、諭吉は14歳の時初めて塾に入って勉強の面白さに触れ、『孟子《もうし》』、『論語』を人より早く理解してしまいました。多くの生徒が中国春秋時代の歴史書『左伝《さでん》』（春秋左氏伝《しゅんじゅうさしでん》の通称）は2～3巻でやめてしまうのに、諭吉は15巻を11回読んで、さらに面白いところは暗記してしまったというから驚きです。

その後、士族の門閥制度に嫌気がさして、長崎に遊学（19歳、ペリー来航の翌年1854年）。目の悪い砲術家山本物次郎《やまもとものじろう》やその家族のために本を読み聞かせ、また、重要砲術書の貸し本屋の仕事の中で砲術コンサルタント的な知識を吸収しました。山本家の秘書係の仕事の過程で、中津藩の家老の倅《せがれ》（奥平壱岐《おくだいらいき》）からの嫉妬にもあい、中津藩に戻らざるを得なくなったものの、江戸を目指します。途中、兄のいる大坂に寄り、結局大坂の緒方洪《おがたこう》庵《あん》の塾に入ります。

子供時代の神様のお札を踏む話やら、長崎時代の贋手紙事件やら、子弟逆転の話等、さまざまなエピソードいっぱいの『福翁自伝』。一気に読み進んでしまいました。

## ②緒方塾の生活

### 【23両の原書の価値】

45歳で早死にした諭吉の父は学者でもありましたが、その蔵書1500冊の臼杵藩《うすきはん》への売却代金が15両。読みたくてしょうがなかったオランダの築城書200頁を、奥平壱岐の眼を盗んで謄写《とうしゃ》した、その所要日数が3週間。その間、昼夜気力の続く限り謄写に専念し、城門勤務の夜当番の日は朝、城門が開くまで一睡もせずに謄写作業。奥平壱岐がこの貴重なオランダの築城書を指して言った「この原書は安く買えた。23両だった」との言葉に、貧乏学生の諭吉は胆《きも》を潰したそうです（ただし本の値段に関しては別のエピソードも記載あり）。

緒方洪庵は筑前（福岡県北西部）の大名・黒田美濃守の出入りの医者。言ってみれば、福岡県知事の主治医という感じかもしれません。黒田公が『ワンダーベルト』という物理の原書（英書のオランダ語訳）を80両で買ったとあり、緒方塾の諭吉たちはこの中の「エレキトル（電気）」の部分がどうしても読みたくて、二夜三日で交替で謄写してしまったそうです。おかげで電気に関する知識は緒方塾が日本一であったと、福澤諭吉は自負しています。

さて、23両のオランダの築城書、父親の蔵書1500冊の売却代金15両、物理の原書『ワンダーベルト』の代金80両。これらが高いのか、安いのか比較のしようもありませんが、今の価格にするとどのくらいになるのでしょうか？

日本銀行金融研究所貨幣博物館の資料によると、一応の試算として、江戸時代中期の1両（元文小判《げんぶんこばん》）を、米価・賃金（大工の手間賃）・そば代金をもとに現在の価格と比較してみると、米価では1両＝約4万円、賃金で1両＝30万～40万円、そば代金では1両＝12万～13万円ということになっています。また丸田勲《まるたいさお》氏の書籍『江戸の卵は1個400円』（光文社新書）によると、金1両＝12万8000円としています。もっとも文化文政期（1804－1830年）の相場と平成の相場の換算値ですので、おおよその感じはつかめるものの、諸説あって一概に比較はできません。ここではざっくり、そば代金比較と賃料比較の間をとり、1両＝15万円としておきます。

父親の蔵書1500冊15両＝225万円　（米価換算で60万円）

オランダの築城書23両＝３４５万円　（米価換算で92万円）
物理の原書『ワンダーベルト』80両＝１２００万円　（米価換算で３２０万円）

このような結果をみると、１両＝15万円の換算は高すぎるかもしれません。しかし、父親の蔵書１５００冊は買いたたかれた気もしますし、物理の原書『ワンダーベルト』は相当ふっかけられた気もします。しかし、福澤諭吉等の緒方塾の塾生はその内容の価値のすごさに気づき、交替しながら二夜三日で謄写してしまったのでしょう。

勝海舟がオランダの兵書を本屋で見つけ、50両（米価換算で２００万円）と言われて手が出ず、欲しい一念で金策に走って成功し、本屋に行ったらすでに売り切れていた。買主に借用を願い出て半年でその本の謄写をした話は、「余暇（趣味）でたまったストレスは、仕事で解消しよう！」で紹介しました（１４４ページ）。その時も、彼がなぜそのような行動に至ったのかに触れましたが、当時の学生たちの気魄《きはく》に驚かされます。何が何故に彼らをしてそのような行動に走らせたのでしょうか？　次の諭吉の記述が参考になります。

## 【何のための苦学か？】

『福翁自伝』の「大阪の学生、江戸の学生」の章で、「それゆえ緒方（洪庵）の学生が何年勉強してもどれほどエライ学者になっても、実際の仕事に全く縁がない。すなわち衣食に縁がない。縁がないから縁を求めるということにも思いつかない」「では何のために苦学をするかというと説明しづらいが、その心中は、貧乏をしても苦労をしても、着るものも食うものも粗末で、一見見る影もない貧乏学生でありながら、知力思想の活発で高尚なことは王侯貴族も見下すという気位だ。ただ難しければ面白い。苦中に楽あり、苦即楽、という境遇だったと思われる」とあります。

新しいものへの好奇心、旺盛な知識吸収力、そして保有する知力思想の高尚さが、貴族をも見下す気位となり、お金や仕事は全く頭の中にないのです。これを裏付けるエピソードも紹介しています。

## 【枕のない塾生】

「これまで蔵屋敷に一年ばかりいたが、いまだかって枕をしたことがない……。日が暮れたからといって寝ようとも思わず、しきりに本を読んでいる……。眠くなれば机の上に突っ伏して寝るか、あるいは床の間の床側を枕にして寝るかで、今まで布団を敷いて夜具をかけて枕をして寝るということは一度もない」。同窓生もおおよそそんなもので、とにかく一日中勉強ばかりで、枕なんて必要なかったと書いています。

一方、諭吉は相当の大酒飲みだったらしく、酒の上での失敗談は相当スペースを割いて書いてあります。当時の飲み代はどのくらいだったのでしょう？

## 【居酒屋の飲み賃】

「大阪中で牛鍋を食わせる所は2軒だけ、刺青だらけの町のごろつきと緒方塾の学生ばかり、一人前150文《もん》ばかりで牛肉と酒と飯とで十分の飲食であった」（『福翁自伝』より）丸田勲氏換算によると、1文は20円、150文だと3000円。まあ今でも立ち飲み酒場だとこれくらいの値段で飲めるんでしょう。とするとこの換算率に違和感は生じません。

## 【遊女の贋手紙】

『福翁自伝』は諭吉65歳の時に書かれています。その後、脳溢血を起こし明治34年（1901年）に68歳で死去しました。『福翁自伝』は日本経済新聞朝刊に掲載されている「私の履歴書」の福澤諭吉版ですが、とにかく面白い。アメリカやヨーロッパに初めて行った時の驚きの感想やら失敗談。遊女の贋手紙のくだりもすごい。

北の新地で遊んでばかりいる塾生に、新地には絶対行かないという証文を書かせ、集中講義をして勉学に復帰しているにもかかわらず、馴染みの遊女からの恋文を諭吉自身が贋手紙を書いてまた新地通いに戻させたうえ、罰則規定取り消し役の贋仲介者を仕立てて酒を買わせて皆で飲み食いした話など、興味は尽きません。

## 【新政府に仕官しなかった理由】

あれほど求められながら、諭吉はなぜ新政府に仕官しなかったのか？　このあたりも、他人の噂話をも冷静に分析しながら、その理由を自ら語っています。「下戸は酒屋に入らず、上戸は餅屋に近づかない」が結論だそうです。政治のことを軽く見て熱心でない自らを「政治の下戸」と称しています。「維新の際に幕府の門閥制度や鎖国主義が腹の底から嫌いだから幕府を支持する気がない。だからといって勤王家の行動を見れば、幕府に比べてお釣りの出るほど鎖国攘夷。もとよりこんな連中に加勢しようとは思いも寄らず、ただじっと中立独立と決めてている。」—福沢諭吉は明治新政府の表向きの開国への豹変ぶりと、内心の鎖国攘夷の差に不満を持ちながらも、結果的に政府の開国論が本物に変わっていくことに満足していたのです。

## ③平成の学生の勉強方法とこれからの日本の教育

江戸時代には複写機もなければ、インターネットという情報入手の手段も当然にありません。当時の学生は先進の書物を読む、または原書を謄写し、その後に翻訳し出版する。これしかありませんでした。この謄写の作業が学生のアルバイト代として生活の足しになった事実が『福翁自伝』等の書籍でよくわかります。そして原書の翻訳こそ、単価の高い割の良いアルバイトだったこともわかります。

そういえば私の学生時代（昭和40年代前半）は、青焼きの複写機が登場し立てでした。試験の時は、まじめな学生の講義ノートを親の会社の複写機を使って青焼きをし、小遣いを稼いだものでした。

おっと横道にそれました。その謄写作業の過程で、記載されていることの背景や原理、関係するキーワードとの繋がり等々がインプットされていくはずです。従って謄写している「作業の時間」こそ重要なんだろうと考えます。だから他人の講義録をコピーしたところで、それを最初に作成した学生にかなうはずがありません。

さて、今の学生はどのようにして勉強しているのでしょうか？〝知識を得る〟、すなわち勉強をする過程で〝暗記をする〟という過程もあります。暗記力は記憶力が良いことの証左になります。理解力・応用力・決断力・統率力とは違いますが、一応暗記力が勝ると学校の成績も良くなり、良い学校に入り、良い会社に入れたものです。

昨今のインターネットの発達、それに伴うグーグル等の検索技術の発展、クラウドの世界、ニッチな分野の特化された情報さえも知識としてなら、検索システムやツイッター、YouTube 等から得られます。

知識を得る前提の記憶力、暗記力がなくても、いわゆる通俗的表現を使うならば〝頭のよい人〟でなくても情報検索力さえあれば、知識面では誰にも見劣りすることはありません。最近の私も生活のもろもろの場面でわからないこと、困ったことがあれば、すぐに iPhone を取り出して解決します。

京都駅で『現代語訳　福翁自伝』を購入した時に、隣の若い人が時刻表を買っているのを見て鉄道マニアは別として「いまどき時刻表を書籍に頼る奇特な人もいるんだ！」と思いました。それほどに今はあらゆる知識・情報は即座に入手できます。

以前の受験シーズンに、大学入試会場で携帯電話を使って回答を不正入手した事件が報道されました。この時思いました。「いまだに知識を求める試験を大学入学試験で行っているのは時代錯誤も甚だしいのではないか？」と。「今の時代には自分の頭の中の脳に知識を入れておく必要はないのではないか？」「必要な知識は頭の外に保管し、必要な時に数秒で取り出せば良いはずだ！」「これからの人間形成に必要なのは、知識ではなく、理解力・応用力・創造力・決断力・実行力・統率力・コミュニケーション能力等々ではないのか？」

こんな思いを持ったのは、今はさぼりがちな自分のブログ「下り坂会計士のマルチ人生」で「クラウド革命―1コペルニクス→2ダーウィン→3フロイト→そして4インフォーグ革命」という記事を書いていたからです。

イギリスの哲学者ルチアーノ・フロリデイは、現在のクラウドコンピューティングを「人間性の第四革命」と位置づけています。この押し寄せている第四の波の中では、情報はサーバーの固まりの「クラウド」で共有され、人間の知的活動は「創造」のみに特化されるんだそうです。

つまり知識とかの情報の多寡は何の価値もなく、創造活動だけが人間の知的活動に特化され、企業も、個人も生産性の飛躍的向上は当たり前で、新たな競争社会が到来すると言っています。そして彼曰く、コンピューターは人間を必要としていません。それどころか人間は本来、コンピューターの輪の中にいるべきではなく、この輪の中から潔く出て行こうとする人間の初めての試みが、クラウドコンピューティングだそうだ。

コンピュータを利用していた人間が、コンピューターに利用され、振り回されている現状を嘆き、コンピューターの輪の中から出ていくべきだと言っています。

このような時代の大変革の中で、私たち日本人が世界の中で取り残されないようにするには、教育はどうしたら良いのか？　大学の試験制度はどうすべきなのか、今一度原点に立ち返って考えてみたいものです。しかし私は「教育の下戸」ですので、福澤諭吉ではありませんが「下戸は酒屋に入らず、上戸は餅屋に近づかない」です。「防衛には素人だ」といって世の中から非難されていた、その昔の民主党の防衛大臣がいましたが、私の場合は

「教育の下戸」だと公言しても非難されないでしょう。

## お葬式行事とその経済波及効果を考える

### ●1週間で連続3件のお葬式

先週末の土曜、日曜の2日連続、そしてその3日後と、集中して葬式に参加しているうちに、いろいろな感慨を持つにいたりました。

A　人が死ぬと、いったいいくらくらいお金がかかるのだろうかとの疑問

B　人が死ぬと、何人の方々が短時間の間に集まり、その経済効果はいかほどかとの疑問

C　右記疑問の経済効果算定の基礎となる葬儀参集人員の予測方法の疑問

Aの疑問は、故人側の家計に及ぼす影響額の問題です。まず死亡時の医療費の清算、葬式費用、お寺への支払、相続税の申告費用、名義変更等の諸手続き費用等々がのしかかっ

てきます。

Ｂの疑問は、葬儀参列者側の家計に及ぼす影響額の問題です。故人とかかわりのある人々が、死亡してからごく短時間の間に、数百人規模で故人を偲んで集まってくる、言葉を変えると動員されることに伴う経済効果はいかばかりなのかという問題です。

Ｃの疑問は、Ａ及びＢの影響額の算定基礎となる葬儀参列予定者の人数推測方法はどのようになっているかとの疑問です。参列予測総人員のうちお通夜だけに来る方、告別式だけに来る方、両方に参列する方、この人数把握が大事になります。

先週末のお通夜では、お寿司がだいぶ余ってしまったようです。私がもったいないなと思ってもしょうがないのですが、人数把握の誤りが原因でしょう。一番困るのは、お清めの塩の入った会葬御礼が不足してしまうことです。まあ、そこそこのゆとりを持って印刷をしているはずですが、私の父の葬儀の時は、参列人員とほぼ同じ印刷枚数で、「足りなくなったらどうしようと思った」との裏話を葬儀屋さんから聞かされました。

## ●人が死ぬといくらの出費となるのか？

### ①葬式費用はどのくらいかかるのか

まず葬儀屋さんに支払うお金。今はインターネットで調べると案内はいくらでも出てきます。火葬式プラン、家族葬プラン、一般葬プラン、社葬プラン……いろいろあります。また無宗教葬、仏教式葬儀、キリスト教式葬儀、神式の葬儀と宗教による違いもあります。

次に、お寺に支払うお経料、戒名料。しかし、お経料や戒名料の基本は「お布施」ですから料金は存在しないし教えてもくれません。私の事務所の近辺にはお寺が多いため、宗教法人の関与先もそこそこにありますし、相続税の申告資料からお経料等の金額も把握できます。

現在のお布施はお金がほとんどですが、昔はお米やその他の品物を収めることもありました。そして相続人がいない場合等では、土地で賄うことも、今でもあります。その昔に、お布施でいただいた土地を広範な地域に保有している寺院も見かけます。参考に、最近私の事務所で扱った相続税の申告事例から、葬儀の際のお布施等の金額を示してみましょう（表12）。

## 表12 葬儀費用やお布施の事例

（単位：円）

| | 職業 | 寺 | 葬儀屋（注２） | 斎場他 | 合計金額 |
|---|---|---|---|---|---|
| ＫＢ家 | ビル経営 | 619,000 | 3,225,836 | | 3,844,836 |
| ＦＮ家 | 不動産貸付 | 2,000,000 | 1,462,213 | | 3,462,213 |
| ＦＮ家 | 飲食店経営 | 430,819 | 5,709,292 | | 6,140,111 |
| ＴＹ家 | 製造業社長 | | | （注１） | 3,819,076 |
| ＫＤ家 | 製造業社長 | | | （注１） | 6,809,036 |
| ＫＷ家 | 小売店社長 | 1,100,000 | 1,477,820 | 714,377 | 3,292,197 |
| ＴＹ家 | 会社員 | 315,000 | 1,600,000 | 1,334,701 | 3,249,701 |
| ＫＭ家 | 卸売業社長 | 900,000 | 3,201,387 | | 4,101,387 |
| ＦＭ家 | 会社員 | 680,000 | 1,942,418 | | 2,622,418 |
| OT家１ | マンション経営 | 310,000 | 1,849,685 | 532,272 | 2,691,957 |
| OT家２ | 同上妻 | 360,000 | 1,602,823 | 49,445 | 2,012,268 |
| OT家３ | 同上父 | 920,000 | 1,348,815 | 428,696 | 2,697,511 |
| ＫＫ家 | ビル経営 | 1,500,000 | 1,037,400 | 1,275,999 | 3,813,399 |
| KR家１ | 製造業社長 | 780,000 | 2,756,672 | 577,610 | 4,114,282 |
| KR家２ | 会社員 | 620,000 | 2,639,878 | | 3,259,878 |
| 合計 | | 10,534,819 | 29,854,239 | 4,913,100 | 55,930,270 |
| 平均 | | 810,371 | 2,296,480 | 377,931 | 3,728,685 |

（注1）社葬費として総勘定元帳より抽出（相続税申告不要につき内訳不明）。
（注2）葬儀社への支払いの中に斎場等の支払いが含まれているケースもあります。

年間100万人の死亡者がいるとして、平均200万円の葬式費用（日本消費者協会調査）がかかるとすると、総額2兆円の経済効果を生んでいることになります。これらの需要の財源は葬儀に参列する方が、ご霊前として供えるお香典で大半が賄われます。お香典だけでは賄いきれませんが、葬儀を出す側が生み出す経済効果としては2兆円ということになります。

なお、特定サービス産業実態調査（経済産業省）によると、冠婚葬祭業の葬祭の売上総額は5038億円、取扱件数34万9755件（調査企業の事業所数1418　従業者数1万7775人・本原稿ブログアップ時）となっていますので、一件あたり葬儀費用は144万円であることがわかります。調査に協力した会社のデータですので全容は不明ですが、最低で5000億円、マックスで2兆円の市場なのかもしれません。

## ②相続税はどのくらいかかり、申告手数料はいくらか？

平成20年分の被相続人数は約114万人で、そのうち、相続税の課税対象となった被相続人は約4万8000人です。被相続人全体に占める割合（課税割合）は4・2％となっています。

相続財産の種類別内訳や被相続人数の推移等々、興味深い統計やグラフは国税庁のホームページに載っています。ぜひグーグルの検索等でご覧ください（２８６ページＱＲコード６）。遺族が相続税を納めているのは亡くなった方が24人いるとして１人の割合（相続税法改正後の平成28年分は８・１％に倍増）ですから、多くの方には無縁かもしれませんが、相続税の申告手数料はどのくらいなのかは、気になるのかもしれません。

税理士会では、独占禁止法上問題となるところから、会としての報酬規定は存在していません（「資格者団体の活動に関する独占禁止法上の考え方」グーグル検索して参照）。しかし、そうはいっても、目安は知りたいと思います。右記の問題がなかったころの報酬規定を参考までに掲げておきましょう（旧相続税報酬規程で検索）。

別な見方で、課税財産のおおよそ１％という考え方もありますが、これですと、参考に掲げようとした従来の税理士会の料金表よりは高めに算出されるかもしれません。いずれにしても、おおよその金額ですね。

### ③葬式行事に参加する人々の支出総額と経済効果

今までの話は、人が死ぬといったいいくらくらいのお金がかかるのだろうかとの問題Aのケースでした。さてそれでは、Bのケース、故人の関係者側の家計に及ぼす影響額の問題です。これは、わずか1日か2日間の超短期間で動員される葬儀参列者が支出する金額の総額はいくらかという問題でもあります。お香典の支出額に、参列のための往復の交通費・香典袋代を合せた金額でしょうか？　この合計金額に平均参列人数を掛ければ、一回あたりの参列者側の支出総額が判明します。

すると1年間の支出総額は、

葬儀行事の経済効果A1＝（1年間の死亡人数B）×（葬儀一回あたり平均参列人数C）×（平均香典額D＋交通費等付随費用E）＋（遺族側の香典で賄えない追加支出F）

右記は参列する側から把握しようとした経済効果です。葬儀を出す側が生み出す経済効果としては、マックスで年間2兆円と先述しましたが、これに参列側固有の支出経費を加えます。参列者が負担するお香典は葬儀を出す側の葬儀費用に充当されるため、ここでは加算しません。

これを算式にすると、

葬儀行事の経済効果Ａ２＝（１年間の死亡人数Ｂ）×（１回あたり平均葬式費用Ｆ）

＋（交通費及び香典袋等付随費用Ｅ）×（葬儀１回あたり平均参列人数Ｃ）

ところで、右記Ａ１、Ａ２の算式で把握困難な数字があります。Ｃの葬儀1回あたり平均参列人数がどのような統計データからも探せません。個別の葬儀については、葬儀社の方が遺族の方に年賀状等の受取枚数等をヒアリングしながら会葬御礼状の印刷枚数を決定しているようです。

港区で創業１４０年の葬儀社・牧野総本店さんからお話を伺ったところ、最近は身内のみで行われる場合が増え、せいぜい参列者は20人、多くて30人くらいだとのこと。正式に通知を出して葬儀をする場合でも、１００人も来ないそうです。増上寺等の大寺院で行う１０００人規模の葬儀は、年に数回もないとのことでした。

そこで、当てにならない私のまったく個人的判断で、平均葬儀参列人数を70人と仮定して、葬儀行事の経済効果Ａ２の算式を計算することとします。

### 表13　著名人葬儀参列人数ベスト7

| | | | | |
|---|---|---|---|---|
| 1位 | X-JAPANのHIDE | (享年33歳) | 50,000人 | 1998.5 |
| 2位 | 美空ひばり | (同52歳) | 42,000人 | 1989.7 |
| 3位 | 吉田茂 | (同89歳) | 40,000人 | 1967.1 |
| 4位 | 尾崎豊 | (同26歳) | 37,500人 | 1992.4 |
| 5位 | 渥美清 | (同68歳) | 35,000人 | 1996.8 |
| 6位 | 黒澤明 | (同88歳) | 35,000人 | 1998.9 |
| 7位 | 石原裕次郎 | (同52歳) | 33,500人 | 1987.8 |

Yahoo!知恵袋の「ベストアンサーに選ばれた回答」terran21jpさん(より引用)

B＝1年間の葬儀回数（死亡人数の9掛けと仮定）平成20年114万人×0・9＝102万6000回

F＝1回あたり平均葬式費用（財団法人日本消費者協会報告×0・9）　180万円

E＝交通費及び香典袋等付随費用　1000円と仮定

C＝葬儀1回あたり平均参列人数　右記の判断から70人

葬儀行事の経済効果A2＝102万6000人×180万円＋1000円×70人＝1兆8538万円

年間平均動員人数は718万2000人

（１０２万６０００人×70人）ということになります。すなわち年間１兆８０００万円の経済的波及効果があるということになります。

すごいと思いませんか？　死亡してから２日間（48時間）後には、７０００万人以上の人たちが動員され、２兆円近いお金が動いているのです。上記計算では、１回の葬儀の平均動員数を70人としましたが、ちなみに有名人のベスト７についてはインターネット上で記載がありました（表13）。

連続３回も葬儀に参列すると、つい余計なことを考えてしまいました。ここまでお付き合いいただきありがとうございました。

## デジタルデバイドと情報難民問題を考える

### ●前期高齢者の間でのデジタル機器普及率

以前に私が税理士の友人から、その方の事務所の創業50周年の記念品をもらった時の話から始めましょう。

贈られたのはＵＳＢメモリでした。同じく贈られた仲間の一人が、「これ何に使うの？」と質問してきました。年齢は私よりちょっと若いくらいですが、超難関な資格を保有している方です。ＵＳＢメモリを知らないことの驚きもさりながら、彼が次に発したのは「あっ、フロッピーディスクのようなもの？」という言葉でした。

今やフロッピーディスクも生産を終了してしまいました。彼は文章を書くのが仕事ながら、清書はすべて秘書任せのため、ワープロやメールも使えていなかったようです。

そこで自分のことに目を転じ、身の周りにあるＩＴ機器等の利用状況を考えてみることとにします。

私たちより少し若年代（65歳からの前期高齢者に成りきった年代で、かつ70歳未満）でも、携帯電話未利用者はさすがに少なくなっています。しかしメールを使っている人の割合はどうでしょう？　小学校のクラス会で作っているメーリングリストの利用者は全体の4分の1つまり25％、高校のクラス会のそれは約40％。私どもの年代は、ちょうど管理職になって現場を離れたころからＩＴ化が進展し、パソコンとの縁がないまま定年を迎えてしまった方も多く、そのまま現在に至っている人も多いのです。ただし、大学のクラス会での利用率は所在判明者の約90％あります。意外と多いものだと感じました。

一方、驚くべきデータもあります。私が役員を務めるある財団で、80歳代の評議員に彼の大学時代の仲間のメール利用率を聞いたところ20％でした。仕事を辞めてから20年以上経っているパソコンもなかった80歳代の方たちのメール利用率が20％もあるというのは、すごいと感じませんか？

この方の大学時代の友人は、おそらく70歳くらいまでは各企業や業界で役職を務めていたような、日本のトップレベルの階層の人たちばかりです。ですから、時代に取り残されないよう、自ら向上心と探究心と好奇心を持ってパソコン利用のスキルを獲得していったに違いありません。

## ●デジタルデバイドって何？

デジタルデバイドとは、情報技術（ＩＴ）を使いこなせる者と使いこなせない者との間に生じる機会の格差、個人間の格差のことです。ＩＴを使いこなせない人は、ものすごく遅れてしまっていることに気付かないまま取り残されているんじゃないでしょうか。学歴の差が生涯獲得所得の差になっていることの問題点も指摘されていますが、デジタルデバイドが生み出す待遇や貧富、機会の格差こそ、今後問題になるかもしれません。

ＩＴ機器利用者の格差は、私の年代の前後を境目にして生じています。まあ、私どもはすでに世の中に対する貢献も役割もその使命を終えてしまっていますので、これを使えないからといっても、さらなる格差も生じようのない年代です。

しかし、私どものクライントの中でも、若いのに「私はアナログ人間だから、ダメなんです」と公言している人がいます。これからの世の中に貢献すべき若人なのですから、デジタルデバイドによる待遇やチャンスに格差が生じないよう、奮起を望みたいものです。

インフォメーションホームレス（情報難民）状態になって時代から取り残され、消滅していった中小企業がたくさんあります。中小企業経営者には、変化に対応する姿勢、そしてそのための努力をしてほしいのです。すっかり古い言葉になりましたが、ネチズン（情報市民）になりましょう（今風に言うならソーシャル人でしょうか？　しかし15年でこれほどの劇的変化が生じてこようとは思いもよりませんでした）。

今のようなクラウドの時代には、冒頭に触れた私の同業者が創業50周年に配布したＵＳ

Bメモリとて不要の時代となっています。あと数年でUSBメモリやCD-ROM、そしてハードディスクですら姿を消しているかもしれません。容量無制限の無料オンラインストレージもたくさん出現し、全くありがたく利用させてもらっています。

21世紀を生き抜くビジネスマンに欠かせない3つのリテラシーは前述しました「パソコン」「英語」「会計」であると、週刊誌『東洋経済』のかなり前の記事にありました。私の育った時代は「読み」「書き」「そろばん」が必須科目でした。

今は、パソコンに替わり〝スマートフォン〟を使いこなさないと時代遅れとなりつつあります。つまりクラウドを自由自在に使いこなせるかどうかでしょう。

「人間性の第四革命」といわれるクラウド革命について私のブログで書いたのが2010年1月ですから、すでに10年経過しています。iPhoneを中心とするスマートフォンの出現が、その後の人間の生活様式を変えてしまったのです。スティーブ・ジョブズが人間の生活様式を変えてしまったといっても過言ではありません。

## ●クラウド社会のもたらすもの

前述しましたが、ここでもう一度書きます。イギリスのハートフォードシャー大学哲学科教授のルチアーノ・フロリディという学者が、上述した「人間性の第四革命」というテーマで面白いことを言っています。「人間はコンピュータを必要としているが、コンピュータは人間を必要としていない。それどころか、人間は本来コンピュータの輪の中にいるべきではない。この輪の中から潔く出て行こうとする人間の初めての試みが、クラウドコンピューティングだ」というのが彼の趣旨です。

「人間性の第四革命」＝第四の波にあっては、情報はサーバーの固まりの「クラウド」で共有され、人間の知的活動は〝創造〟活動のみに特化されていきます。つまり知識や情報の多寡は何の価値もなく、創造活動だけが人間の知的活動に特化され、企業も個人も生産性の飛躍的向上は当たり前で、新たな競争社会が到来するとしています。

フロリディはこれを12年前に言っているのですが、当時の私はまだクラウドの社会のありがたさをそれほど認識しないまま、Gmail、Googleグループ、Googleドキュメント、旧SKYDRIVE（今はOneDrive）等を使っていました。それが、フロリディの「人間性の第四革命」関連書籍に接して考え方が変わり、さらに昨今のiPhoneやアンドロイド系のスマートフォンの機能を見るたびに、スティーブ・ジョブズは人間の生活様式を変えてしまったなと痛感するのです。

飛脚時代とｅメール時代のスピードの違いは理解できても、コンピュータとスマートフォンの違いが理解できていない方は、人間性の第四革命の話をしてもピンと来ないかもしれません。飛行機に乗って福岡に行かなくても新幹線でも行けるわけですから、とにかく行ければいいという人たちは、移動時間の差から得られるメリットに無頓着なわけです。同様に、ＩＴやクラウド等の知識が貧弱で、かつ使いこなせなくとも、生活に支障はまったくありません。

しかしそれらの知識に長けている人種は、何ら価値のないところの〝知識や情報〟は数秒から数分のうちに入手してしまい、数分後にはもう分析・評価活動そして創造活動に入っていきます。知識を得るための〝音声検索〟や、知識や情報をため込むためのツールであるEVERNOTE等をスマホで使いこなしている人は、そうでない人に比べたら数十倍の時間の節約を可能にしています。

一方、「私はアナログ人間だからだめなんだ」と言っている人は、情報や知識を入手する段階で、クラウドを含めたＩＴ技術に長けた人に比較したら数十倍の時間と労力を要しているはずです。この時間の差を私は広い意味で機会損失と捉えたいのです。

つまりデジタルデバイドがもたらす機会格差です。いまやクラウドの世界を「知る⇕知らない」は飛脚便とメール便ほどの差がついているのかもしれないのです。ちょっと表現がオーバーになりすぎましたので、宅急便とメール便ぐらいの差にしておきます。

50周年記念にいただいたＵＳＢメモリーから、話が飛躍していってしまいましたが、これからの世代を担う若い世代は、コンピュータの輪の中にいるべきではなく、この輪の中から潔く出て行ってほしいのです。そしてインフォメーションホームレスにはならないでください。

## 豪華社宅やお寺の庫裏《くり》の家賃負担問題について

税務調査では、会社契約借上げ社宅の個人負担額の算定方法がたびたび問題になります。特に社長さんが借上げ社宅に住む場合には、その社宅は豪華なものも多く、マスコミ等でもしばしば大きく取り上げられています。借上げ社宅ではなく自分の自宅に住んでいる場合でも、「全額会社負担で通っているはずだ」との間違った認識をもとに、関与税理士の助言に耳を貸さない社長さんが散見されます。

最近は公務員の方々の都心の一等地での社宅問題も話題になりました。私も税務の仕事をしながら、なぜ都心の一等地に住みながら家賃負担が少ないのか、と勝手に勘ぐったりした時期もありました。

私の居住している地域はお寺が多く、その庫裏《くり》（寺院の僧侶の居住場所、また寺内の調理室、つまり台所も兼ねる）の家賃負担の問題も、あまりにさまざまなケースがあり、一税理士として、自身の検討課題となっています。

ということで、法人の家賃負担と経済的利益について考えることにしましょう。

## ●社宅の無償使用は給与所得

給与は、金銭で支給されるのが普通ですが、食事の現物支給や商品の値引販売などのように物または権利その他の経済的利益をもって支給されることがあります。これらの経済的利益を一般に現物給与といい、原則として給与所得の収入金額とされます。

使用人に社宅や寮などを貸したときや役員に社宅などを貸したときも、一定の金額を個人が負担していなければ、経済的利益を得たとして現物給与となってしまいます。

## ●ホテルの住み込み従業員・首相官邸も家賃を取るの？

使用人に対して社宅や寮等を無償で提供している場合であっても、その社宅や寮等が、その職務の遂行上やむを得ない必要に基づき使用者が使用人の居住する場所として指定したものであるときは、その社宅や寮等の貸与を受けることによる使用人の経済的利益については課税されないことになっています（所得税法9－（1）－六、所得税法施行令21－四）。

また国家公務員宿舎法2条（無料宿舎）の規定により、無料で宿舎の貸与を受けることによる利益その他給与所得を有する者で、その職務の遂行上やむを得ない必要に基づき使用者から指定された場所に居住すべき者が実際に居住するために家屋の貸与を受けることによる利益についても、職務上必要な給付とされていて、課税されません。

ですから、早朝または深夜に勤務することを常例とするホテル、旅館、牛乳販売店等の住み込みの使用人に対し提供する部屋についても非課税となります。

つまり、強制居住者は賃料の負担義務がない、ということですね。

## ●お寺の庫裏部分の家賃問題

２０１１年に京都の臨済宗大徳寺の禅の専門道場を見学しました。ここの道場のプライベート空間は畳一畳分くらいで、私物を置くスペースもほとんどありませんでした。そして、自給自足での生活が数年に及びます。ここでの修行の仕方や生活ぶりを見ると、調理することも食事をすることも宗教活動の一環であると納得できるほどに、生活イコール宗教活動という実感を持って帰ってきました。

そして、多くの昔ながらのお寺の庫裏には、禅道場ほどではないにしろ、そのような宗教的雰囲気が漂っていたものです。従ってこのような場合のお寺の庫裏について経済的利益云々で問題にされることもなかったようです。つまり強制居住者としての位置付け、もしくは、庫裏そのものが有する宗教活動との一体性から、庫裏の家賃についてとやかく言われてこなかったのであろうと推測します。

一方、最近のお寺は、ビルの中に入っていたり、プライベート空間が宗教活動とはまったく分離しているところが増えてきています。お風呂がジャグジー付きのところもありました。豪華社宅そのものといった趣のお寺もあります。それでも副住職たる息子家族がお寺に同居している場合はまだいいとして、同一敷地内の別棟に居住していたり、あるいは近隣のマンションに居住していたりするところまでいくと、これはいかがなものかと考えてしまいます。

お寺の業務とは関係ない、つまり他の企業等に勤務している家族の部屋については、宗教法人の建物の一部をそのお寺に関係しない家族に貸しているわけですから、家賃負担の問題は当然考慮しなければなりません。実際、家族の部屋に関して固定資産税が徴された事例もあります。近隣のマンションの場合は、いかに言っても庫裏とは言えませんので、使用人に社宅や寮を貸した時と同じに考える必要があります。

## ●社長の借上げ社宅と迎賓館的機能

税務調査の際にいつも問題になる点があります。社長の自宅（借上げ社宅）には、常に仕事上の来客も多く、海外からのお客様は自宅に招いてホームーパーティをよくやると聞きます。いわゆる、自宅も迎賓館的機能を持ち合わせている。従って自宅の応接間部分も会社のために利用しているのだから、その部分は個人使用部分から除外してもらいたい。あるいは自宅の書斎で早朝や土曜日、日曜日問わず仕事をしている。よって自宅の書斎部分の何割かは、会社の使用部分に算入してほしい、という社長の主張です。

私自身、事務所に出てしまうと従業員との打ち合わせや決済業務、顧客との相談業務や関与先への訪問等々で、事務所にいる時間は限られており、デスクワークはほとんどできません。クラウドの世の中になってインターネットさえつながればどこででも仕事ができるようになっていますので、メール処理や原稿書き、その他決済業務等のデスクワークは、ほとんど早朝や土日の自宅作業となっています。

これら自宅での作業の真実性は事実認定の問題で、そのことを第三者に向けていかに客観的に説得力をもって説明できるかということになるでしょう。中には、家まで見に来てほしいとさえ言う経営者もいます。しかし、税務署の調査官はそこまでは見に行きません。合理的、客観的に説明できるような事実関係と証拠資料が提示できなければ無理というものです。

衆議院議長公邸や参議院副議長公邸等でパーティや会合をすることが時々ありますが、実際に入ってみて、こういう場所こそ迎賓館的機能を合わせ持つ居住空間であると思いました。従って中小企業の経営者の自宅作業の認知を求める声については、「あきらめてください」としか言いようがありません。中小企業に限らず、これは経営トップの宿命です。

固定費としての家賃負担自体を小事と言うつもりはありませんが、住居用建物の一部をとって是が非でも社用名目に算入しようというような細かいことに気を使うくらいなら、自らの責任で十二分に利益を生み出せる体制を作り出し、然る後に十分なる役員報酬を取るようにされてはいかがでしょうか。

## 会計士がペットのお弔い問題を考えると?

### ●ペットが死んでしまったら

生物には、草の葉をバッタが食べる→バッタをカマキリが食べる→カマキリを小鳥が食べる→小鳥をタカが食べる……といった生物間のつながりがありますが、犬や猫のペット類のみは、食う・食われるといった捕食連鎖になっていません。それどころか、飼い主にとっては、ペットはもはや伴侶としての位置付けです。私はかねがね、ペット類に対して憧憬のまなざしを持って見ていました。

私が役員をしている、あるお寺の住職の話です。このお寺は、ペットの供養は基本的に受けないそうです。しかし檀家の奥様からの依頼で、愛犬の一周忌のお経をあげていました。犬に対するお経をあげながら、ふとあることが頭をよぎりました。「あれ？　この奥さんのご主人の三回忌、やってないのでは？」―でも、「ご主人の三回忌どうされますか？」とは、この奥様にどうしても聞けなかったそうです。

ペットの寿命は人間に比べ短いことが多いので、遅かれ早かれ私たちはペットの〝死〟に遭遇してしまいます。そして朝も起きられない他の飼い犬を見ただけでも思い出して泣いてしまうようになる……。自分の親の死や夫の死の時は何も感じていなかったのに、ペットが死んだら1カ月も寝込んでしまった―このテーマを書くにあたって、行きつけの飲み屋で取材した実話です。しかし、健康を害するほど悲嘆に暮れてしまうのは、健全とは言えません。

その一方で、犬を飼ったおかげで夫婦間のコミュニケーションが増して、冷え切っていた夫婦関係が元に戻った、なんて人もいました。

ということで、ペットの弔いにまつわる課税関係の話です。

## ●ペットの法要とお布施の課税問題

大事な大事なペットですから、病気になったときの費用や避妊のコストも大変です。そして、ペットが心配で長期旅行ができなくなります。私の友人は、３週間の海外長期出張の際には10数万円のペットホテル代を負担していました。個室やハイシーズンは高いそうです。都心の自宅付近に住み着いてしまった10数匹の猫の避妊手術代を自腹で負担している方もいます。野良猫の避妊手術は獣医さんがやりたがらないとの話も聞きました。大した報酬にならないとかの理由だったと聞いています。

人間より寿命の短いペットですから、どうしてもペットとの死別は避けられません。ペットロス症候群になってしまう人を見ると、〝生き物〟の死って何なのだろうと考えさせられます。そして私は会計士ですから、会計士らしく生き物の死とその弔いのためのお経を、税務の観点から考えてみます。

「人間に対するお経、犬猫に対するお経、地鎮祭でのお経、これすべて宗教行為である」と、私が役員をしているお寺の住職は言います。犬猫の死体は産業廃棄物で人間の死体を放置したら死体遺棄罪。犬猫はある面においては物であり、またある反面魂でもある。同じ魂に対するお経をあげても、人間ならお寺がいただくお経料は法人税法上、非課税です。一方、犬猫のお経料には税法上の規定は特にありませんが、宗教行為と見なされない場合は課税されるかもしれません。

もう少し突っ込んでみると、人間の場合は、お骨《こつ》の管理は宗教行為としての永代供養にかかる料金で非課税とされていますが、犬猫のお骨の管理は使用権なのか永代供養なのか？　煩瑣《はんさ》で面妖《めんよう》な問題です。

## ●宗教法人のペット専用墓地の敷地に固定資産税はかかるのか？

お寺の境内地の場合は、「宗教の教義を広め、儀式行事を行い、信者を教化育成する（宗教法人法2）」という宗教団体の主たる目的のための土地ですから、地方税法では「宗教法人が専らその本来の用に供する境内地」に対する固定資産税は非課税としています。ところが、ペット専用墓地の敷地が固定資産税等の課税対象となるか否かを巡って争われた事例が、最近出てきました。

ある宗教法人Aは、別院Bに土地を無償貸与し、別院Bがこれをペット専用墓地等として使用していました。税務当局は「僧侶による宗教上の儀式の開催も少なく、専ら元飼主がその土地を利用しているので境内地には該当しない」として、固定資産税の課税をしました。これを不服としたAが裁判に持ち込んだところ、Aのさまざまな主張も取り入れられたものの、裁判は負けました。が、その際の判決で「収益事業用地であれば直ちに『宗教法人が専らその本来の用に供する……境内地に該当しない』とする税務当局の主張についても、否定されてしまいました。つまり、法制上は「宗教的色彩の有無と収益事業該当性の有無とは必ずしも排斥し合うものとはいえない」との考え方が示されたわけです。

過去には、東京高裁が宗教法人の主張を容認した類似判決もあるようです。

何をもって宗教行為とするのかは難しい問題ですが、「生き物」を供養するためにあげるお経が、対象が人間なら宗教行為で、動物なら非宗教行為でいいのか？　人間と同様に、あるいはそれ以上に密接な関係でつながり、伴侶動物（コンパニオンアニマル）となっているペットにお経を上げるという行為と、関係が冷め切ってしまい、伴侶動物ではなくなってしまった家族にあげるお経と、どう違うのでしょうか？

## 冷やし中華はなぜ高いのか？

### ●冷やし中華の価格設定の妥当性を考える

麺類大好きな私は、夏になるとどうしても冷やし中華を食べる機会が増えてしまいます。そしてその都度、考えています。なぜ一般のラーメンより常に値段が高いのかと。今まで、何千食食べたかわかりませんが、その都度値段表の確認をします。しかし一軒たりとも一般のラーメンと同じ値段のお店はありません。今回はその理由を考えてみます。

### ●冷やし中華が2〜3割も高い理由は何!?

冷やし中華は採算がとりづらいメニューなのでしょう。作る行程が多く、手間がかかります。麺だけでも、「ゆでる」↓「ザルにあげて氷でしめて」↓「再び入念な水切り」が必要です。具も細切りが多い。特に蕎麦屋で出す冷やし中華の場合は、ハムやクラゲが残ってしまうと他に転用できないので、ある程度の量が出ないと困るとのこと。そして塩クラゲの塩分を取るのに2〜3時間かかり、また蕎麦屋の場合、ラーメンの麺の中にはカンスイが入っていて蕎麦の釜が濁ったり臭みが出るため、そうならないようにするには余計手間がかかるとの話です。そして数の出ない冬場は割に合わないから、夏場だけのメニューにするようです。

それでも「冬にも食べさせろ！」ということで旗をあげたのが、「全日本冷やし中華愛好会」なる団体です。私もまったく同感で、なぜ夏場限定なのか、残念でなりません。

冷やしキツネそばも夏場限定です。「氷でしめて再び入念な水切り」という余分な手間の部分は冷やし中華と同じです。しかし冷やしキツネそばなら、ザルそばの上（あるいはザルそばを丼に入れて漬け汁を薄めた上でかける）に油揚げを乗せれば、一応「冷やしキツネ」。でも、冷やし中華はそういうわけにいかないでしょう。キュウリに薄焼き玉子、細切りチャーシュー（ハム）、スープもラーメンスープをそのまま使うわけにもいきません。

ということで、数が出ないことには採算が合わないという理屈も理解できなくはありません。

しかし、普通のラーメンより冷やし中華の方が2～3割も値段が高いのは、まだ納得できません。

そこで値段の内訳を考えてみます。食べ物屋さんの料理の価格に占める材料費の割合は、ほとんどの場合3分の1、つまり33％です。とんかつ屋でも蕎麦屋でもラーメン屋でも同じです。私の会計事務所のクライアントの事例ですが、全国的な標準数値を見ても同じ傾向にあります。つまり材料代の3倍が売値になっています。ということは、人件費や物件費そして利益が、残りの3分の2になるわけです。

さて、調理時間が普通のラーメンより余分にかかるために値段も高い冷やし中華ですが、余分にかかるのは「氷でしめて再び入念な水切り」の部分だけです。普通のラーメンの調理時間に比して仮に50％余分に時間がかかるとすると、33％の材料費を除いた67％部分の50％で33・5％のコストアップになります。これなら値段が1・33倍でも仕方ないと思うものの、「氷でしめて〜」の部分だけで通常の調理時間の半分もかかるのか？　はなはだ疑問ですが、「素人の私にはわかりません」とだけしておきます。

いずれにしろ、追加調理時間が判明しないと、私にはこの価格差が納得できません。

## ●お好み焼きの値段はなぜ安くないのか？

では、お好み焼きの場合は、どう考えたら良いのでしょう。

お店側が提供するのは材料だけです。調理はお客が自分でします。先ほどの例で行くと、材料費33・3%+(人件費+物件費+利益)66・6%=食べ物価格となります。このうち調理の行程に関わるのは人件費。調理に割く人件費はかからないとなると、冷やし中華とは逆に、その部分は値段を安くしないとおかしいのではないかと私は考えてしまうのです。

これはどう考えてもおかしいとは思うものの、現実は違います。まあ、すぐに調理できるように材料をそのメニューに合わせて取り揃える工程には時間がかかりますし、鉄板を囲みながら仲間と一緒に調理をするという〝娯楽〟部分のサービスの提供を受けている対価としての値段だと考えることにしました。

でも調理の嫌いな私にはやはり納得できません。

## ●組立家具はなぜ、結果的に高くなるのか?

組立家具は、自分の部屋や空間の空いているスペースに合わせて作ることができるので、私は結構便利に利用しています。そして部材一つ一つは、案外低価格に設定されています。ところが、いざ材料を揃えて購入しようとすると、結構高い値段になってしまいます。「これなら出来合いの家具を買ったほうが安かった」なんていうことがしばしば起こります。とはいうものの、店員さんと一緒になって、あれやこれや部材を揃えてもらった関係で、値段を聞いてから「やめます」とは言えなくなり、そのまま購入です。しかしその後が大変。説明書と首っ引きになりながら、相応な時間をかけてやっとの思いで完成です。

先ほどのお好み焼き屋と同じで、材料だけを販売し、組立時間はお客側が負担しているわけです。お好み焼き屋の場合はまだしも、メニューに沿った材料を揃える時間を要しますが、組立家具の部品は、大量生産してお店に在庫として置いてあるだけです。お客との相談応対の時間は取られるものの、材料のみの提供ですから、完成家具と部品代総計の価格差はお好み焼き屋より多くあってしかるべきと考えます。

私の作業時間をこの組立家具の中に入れ込んだら、相当な額になりそうです。フリースペースの有効利用という点で、既成家具に優るものの、やはり組立家具の部品代の高さには納得がいかないのです。

## ●散髪代はなぜ、切った髪の量に比例しないのか？

他にも納得のいかない価格設定に床屋の値段があります。髭剃りや洗髪を省いたり、使った櫛《くし》を客に渡して従業員が洗う作業を省いたりして低価格で成功し、チェーン展開している散髪店があります。これはこれで評価したいと思います。

この店は、お客の髪形にかかわらず散髪時間は10分間で終わりです。回転が一定で計算できますから、低価格でも採算が合うわけです。

しかし、私はこれにさらに付け加えて、散髪する髪の量による価格差があってしかるべきと考えるのです。まあ、こんなことを考えるのも、風前の灯となっている、私の髪の毛のせいなのかもしれません。

まあ、どうでもいい事例に時間を割いてしまいましたが、「会計士ってなんて変な人種」と思わないでください。飲食店に入ると、すぐさま従業員の数、座席の数、混み具合から判断する一日の回転数、客単価等からすぐさま月間売上高と経費を考えてしまう職種なので、ご理解いただきたいです。

# 眠りについてから見る夢、楽しいですか？ ―職業会計人の素晴らしさと魅力―

## ●おわりのはじめに

私は後期高齢者に近づいているのにまだまだ働いているわけで、かつ忙しいというか相変わらず楽しいし、遊びも事欠かないくらい目白押しで、今もスケジュール調整が大変な毎日です。「仕事さえしなければ、ゆっくり遊べるのに！」―いや逆です。「遊びさえしなければ、じっくり仕事ができるのに！」と嘆いています。ここ4、5年でだいぶ変わってきましたが、とにかく相変わらず忙しい。

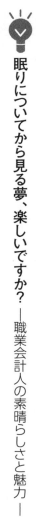

「今、仕事が面白い。と同時に余暇も充実している。というより面白い仕事を遮《さえぎ》るように、趣味が私の仕事を邪魔する。つまり起きている間中、楽しいのである。こういう時は寝てから見る夢もまた面白い。つまり24時間が楽しいということになる」―そこで皆さんに問いかけたい。「眠りについてから見る夢は、楽しいですか？」と。

まあ私の場合、いまだにこんな状況が続いていて、以前考えていた、「遊びながら仕事をする」、あるいは「仕事しながら遊ぶ」という課題は進歩していませんが、遊びも目一杯、仕事も目一杯となると、ストレスを解消する途がないことに気付きました。というよりストレスを感じている時間さえないのです。

いや、答えは簡単。とっくに普通なら定年を過ぎているので、仕事も遊びもしなければいいのです。

でも、「お役に立っている」「頼りにされている」ということが実感されてしまうと、仕事も断れないのです。そして定年のない職業を選んでしまったから仕方がないのです。とはいうものの、そろそろ後進に道を譲る時期は考えています。そこで、最後に「仕事を楽しむためにはどうしたらいいのか」の問いかけに答える形で、「眠りについてから見る夢を楽しく」する方法と、「生きる喜びって何だろう」ということについて、考えてみます。

## ●生きがい、やりがいとは

### ①フランクルの『夜と霧』

人間の生きがいとは何かを追求した『夜と霧』という名著があります。著者は、ナチスの強制収容所から奇跡的な生還を果たしたユダヤ人の精神科医ヴィクトール・フランクルで、冷静な視点で収容所での出来事を記録するとともに、過酷な環境の中、囚人たちが何に絶望したか、何に希望を見出したかを克明に記しています。

人間には「創造する喜び」と「美や真理、愛などを体験する喜び」があるとフランクルは考えます。そして自由で自己実現が約束されている環境こそが幸せだと……。

しかし、災害や病気などに見舞われた時、その希望は潰《つい》える。収容所はその最悪のケースとはいえ、幸せはまだ近くにあるのではないかとフランクルは考えます。


人間は欲望だけではなく、家族愛や仕事への献身など、さまざまな使命感を持って生きている。どんな状況でも、今を大事にして自分の本分を尽くし、人の役に立つこと。そこに生きがいを見出すことが大事なのではないかとも言っています。

「人生はどんな状況でも意味がある」と彼は説き、生きがいを見つけられずに悩む人たちにメッセージを発し続けました。

どんなに精神的に過酷な状況でも、逆にどんなに忙しくても、そこに生きがいとやりがいや頼られがい、そして創造する喜びを味わう状況を見出すことができるのなら、眠りについてから見る夢もきっと、楽しいはずです。

勝海舟の話を先述しました。オランダの兵書が欲しくて、海舟は６キロの道を毎晩歩いてその本の持ち主を訪れては朝帰りを続け、彼が寝ている時間帯を利用して半年でその兵書を書き写したという話です。やりがいのある仕事に出会ったときの海舟の気持ちが伝わってくる逸話です。

### ②少女パレアナ—陽転発想—

私の旧友である公認会計士の天野隆氏から20年以上前に贈呈された『少女パレアナ』という本があります。その時「涙が出てきましたよ……」の一言があったので、気の進まない題名ではありましたが読み始めました。

最初は大したことはないと思いながらも、ぐいぐいと引き込まれ、紙面に落ちた涙のシミを人に見られたらどうしよう、などと考えながら一気に読み終えました。

少女パレアナのやっていた「何でも喜ぶゲーム」。これさえ実行すれば、「眠りについてから見る夢」は楽しくなること請け合いです。この本では「陽転発想」が大事ということを言っているのですが、そこで私なりの「苦難を乗り超えるコツ」を。

よ　世の中にこれ以上苦しいことがあるのだろうかと思うとき

ろ　↓そんな時「何でも喜ぶゲーム」
路頭にさ迷っているときの解決策は何？　と思うとき
こ　↓そんな時「何でも喜ぶゲーム」
転んでも、ただでは起きたくない！　と思うとき
ぶ　↓そんな時「何でも喜ぶゲーム」
無難で、平凡すぎる人生って何？　と思うとき

「何でも喜ぶゲーム」とは「喜ぶことを、何の中からでも探して喜ぶ」というもので、「喜ぶことのほうを考えると、嫌な方は忘れてしまう」「喜ぶことを探し出すのが難しければ難しいほどおもしろい」というものです。天野隆氏から贈呈されたこの本の裏表紙には「ツキを高めるコツ」も書かれていましたので紹介しましょう。

ツ　ついている人と付き合おう。ついている人の特徴は以下の4つ。
キ　聞き上手は「うなづき」「あいづち」を多く使う。

カ　感謝上手は「ありがとう」を多く使う。
エ　笑顔上手は「よい笑い話」を多く使う。
タ　他人に親切上手は「長所紹介」を多く使う。

いずれにせよ、難なくと難を乗り超え、ツキが高まれば、寝床に入って眠った途端に、ウッハウハの楽しい楽しい世界がみなさんを待っているはずです。

## ●公認会計士・税理士という仕事

本書は、職業会計人の立場から、お金にまつわる問題をさまざまな視点から切り口も変えて、まったく徒然なるままに気まぐれに書いたビジネスブログをまとめたものです。生きがいとか、やりがいについてもあちこちで書いてきたつもりです。そこで私の仕事と生きがい・やりがいについて考えてみましょう。

もう20年以上前に、「もしも税理士でなかったら」（東京税理士会芝支部報平成10年3月）という原稿を頼まれて書いたことがあります。ここで私は、科学者になりたいとも言ってますが、最後にはやはり、一度しかない人生なら同じ職業会計人を選ぶと言っています。

そして私が40歳の時に頼まれて書いた「若手公認会計士の進むべき道」（JICPAジャーナル昭和60年7月）という一文があります。前半は右記内容と同じですが「10年後（つまり50歳時）のＣＰＡ（公認会計士）としての私の望むべき姿」という部分の文章があり、私の事務所のホームページ（港区の税理士・会計事務所「税理士法人優和東京本部・所長の部屋『趣味の随筆』」でグーグル検索・２８６ページＱＲコード7）の追記として後日談「23年後の実態」（平成20年時）、「34年後の実態」（令和元年）もアップしています。

これを見ていると、仕事の質こそ変わったものの、一日の過ごし方はまったく現在ほとんど変わりがなく、分刻みで時間だけが過ぎていっている感じです。


超大手企業のノウハウ等を仕事の過程でくまなく享受できる、公認会計士監査業務。

中小企業の経営者と苦楽をともにし、指導的役割を担うことができる税務業務。

地方公共団体の包括外部監査という、お役所仕事への尽きない興味と公会計改革の必要性を痛感できる業務。

そしてガバナンス等の意識が浸透し社会貢献活動にも熱心な大手一部上場会社の社外監

査役として、会社の中側から組織を客観的に覗ける充実感。

これらの業務をすべてこなしてきて、その味わいを知るにつけ、「もしも税理士や公認会計士でなかったら？」と問われても、やはり最後は職業会計人を選んでしまうかもしれません。

とは言うものの、会計事務所というのも因果な商売です。財布や金庫の中側から人や企業を観察できる唯一の職業であるが故に、顧問先には「このまま事業を続けていたら、直ぐに破綻しますよ。早く廃業しなさい」と勧めることもあります。でもやめられないで赤字を垂れ流し、やっとやめたと思ったら、うちの事務所の年間売り上げは、その廃業した顧問先のぶんだけ下がってしまう……。そうは言っても、企業のことやその家族や従業員のことを考えたら、一刻も早く廃業をするように導かなければならないのです。その場合の私の仕事は「やめさせる」というネガティブな働きかけにも関わらず、そして自分で自分の事務所の売り上げを減少させる結果になるにも関わらず、結果として「お役に立っている」「頼りにされている」ということが実感できると仕事をやめられないのです。まさに少女パレアナの世界です。

## ●職業会計人の使命とは何なのか?

苦境に陥っている企業を見れば、月々いただく顧問報酬を自ら減額してしまったり、自分のクライアントに傷口が深くならないうちに廃業を勧めたり、その結果、我が事務所の売り上げが減ってしまうような職業に就きながらも、こうしてここまで来られたのも、多くの方々に支えられてきたからです。

加えて言いたいのは、この職業が内抱している特性―つまり、他人の財布の中を見ながら、そしてお金にまつわるさまざまな実体験を経ながら、他山の石として自らをも規制し、コンプライアンスの重要性やコーポレートガバナンスの本当の意味等を自問自答しながら出来上がっていく精神的・成長志向的自己実現の世界にいる私たちの職業についてです。

私が思うに、職業会計人たるもの、企業の永続的発展を手助けする視点から経営者と関与すべきです。とかく私たちへの期待を節税のみに偏って見る経営者がいますが、それは間違っていると申し上げたい。財務体質の健全化は、財務諸表で見ても体力のある、つまり内部留保の厚い企業であるからこそ成し遂げられるのです。そして永続的発展へと繋がっていくのです。

そのような視点から数年前に『伸びる会社のズルいお金の使い方』(幻冬舎)という本を

上梓させていただきました。「ズルい」と言っても何も悪いことを勧めるわけではありません。私なりに〝賢く使う〟ということを逆説的比喩的に表現したつもりです。

私はその本で、長年にわたる地域金融機関の会計監査人の立場から、中小企業経営者やそれを指導する公認会計士・税理士等の職業会計人に対して警鐘を発しました。つまり財務諸表の読者は税務署だけではなく金融機関等でもあることも忘れてはいけませんよ、と言いたいのです。そして、会計事務所の使命や上手な付き合い方についても「おわりに」の部分で触れています。

## ●自己実現の場を提供することも経営者の務め

『伸びる会社のズルいお金の使い方』（幻冬舎）の中でも述べていますが、賢いお金の使い方をするには、社員をやる気にさせる人材投資にも目を配る必要があります。そしてマズローの欲求5原則（生理的欲求、安全欲求、帰属欲求、社会的欲求、自己実現の欲求）を満たしてあげることも経営者の務めなのでしょう。

成熟社会に成りきってしまった現在、若者たちは向かっていくべき目標を失っているのかもしれません。私が育った昭和30年代の日本、映画『Always 三丁目の夕日』の世界は、高度経済成長期で生理的欲求、安全欲求が満たされつつある時代でした。私の今と同じように実に楽しかった。物がなく貧しくとも、皆明日への希望を抱き、生き生きとした時代でした。前述した少女パレアナの世界です。この状態になれば、「眠りについてから見る夢」も楽しくなります。

# おわりに

私の仲間は定年をとっくに過ぎて、サンデー毎日です。「予定は1カ月先に一つあるだけだよ」──このような生活を羨ましいと思いつつ、私は定年のない職業を選んでしまった罰で、いつ辞めるかは自分で決めなければなりません。自分で自分の首を絞める（収入の道を閉ざす）のもなかなか難しいものです。

前述したフランクルの『夜と霧』の中で、彼は人生を砂時計に見立てて説明しています。「年を取ると未来が少なくなる」と人は嘆きます。フランクルはそれを否定します。以下はその趣旨です。

苦悩から逃げずに生きぬいたとき、過去はその人の人生を豊かにする。かけがえのない財産になる。

「過去」とはすべてのことを永遠にしまってくれる「金庫」のようなもの。生きられなかった時間は失われてしまうけれども、生き抜かれた時間は時間の座標軸に永遠に刻まれ続ける。

年を取ることは恐れることではない。自分の金庫に忘れがたいものがたまっていくこと。

そうです、私は60歳を過ぎてからの人生がこんなに楽しいものとは思っていませんでした（286ページQRコード8）。子供の教育にお金はかからなくなるし、子供たちはそれぞれ家族を持ち、二人だけの生活だと孫のお小遣いぐらいで、他のお金もかからない。老夫婦も「亭主元気で留守が良い」の境地に入り、地域活動や校友関係そして趣味仲間との行動も束縛がなく、家族との喧嘩のタネも尽きて、家庭は今のところいたって平和。70歳を過ぎてからはどんな人生が待っているのか楽しみにしていました。そして70歳を過ぎました。

本誌の初稿上梓時は60歳代後半だった私も本誌発刊時にはすでに後期高齢者もまじか。こうして読み返してみると、私の提言してきたことや自分の夢も随分実現しているなとの思いがあります。そして、後継予定者たちも順調に育ちつつある中で、楽しみにしていた70歳代も、夫婦ともども健康で、ますます充実して日本全国の城めぐりや温泉を巡れていることに感謝して筆をおくこととします。

渡辺俊之

## 本文で紹介した動画サイト等の対応ＱＲコード（アドレス）

**QRコード1**

**公認会計士と AI の関係** (6ページ)

**QRコード2**

**俺の借金全部でなんぼや** (72.118ページ)

**QRコード3**

**胆がなさ節** (145ページ)

**QRコード4**

**与那国の猫小** (147ページ)

**QRコード5**

**漲水ぬクイチャー** (148ページ)

**QRコード6**

**相続財産の種類別内訳** (245ページ)

**QRコード7**

**30年経過後の私** (279ページ)

**QRコード8**

**60才代を振り返って** (285ページ)

## 渡辺俊之（わたなべ・としゆき）

早稲田大学商学部卒業後、監査法人に勤務。1975年に独立開業し、渡辺公認会計士事務所を設立。2004年、優和会計人グループの仲間と共に全国組織「税理士法人優和」を設立し、理事長に就任。東証１部、２部上場会社の社外監査役や数多くの公益法人に関与し、地方公共団体の包括外部監査人、政府系諮問委員会委員等も歴任し、幅広く活躍している。
主な編著書に『伸びる会社のズルいお金の使い方』（幻冬舎）、加除式三分冊『一般・公益　社団・財団法人の実務―法務・会計・税務―』（新日本法規出版）、『Q&A公益法人の運営と会計税務』（新日本法規出版）、『不動産の有効活用の実務と対策（加除式）』（第一法規出版）などがある。

元　日本公認会計士協会　常務理事
元　日本公認会計士協会東京会　公益法人特別委員会委員長
元　日本公認会計士協会東京会　税務委員会委員長
前　公認会計士稲門会　会長

JASRAC 出 1903699-901



# 会計リテラシーで見えないお金が見えてくる

2019年5月24日　初版発行

著　者　渡辺俊之
発行者　野村直克
発行所　総合法令出版株式会社
〒103-0001 東京都中央区日本橋小伝馬町15-18
ユニゾ小伝馬町ビル9階
電話　03-5623-5121
印刷・製本　中央精版印刷株式会社

落丁・乱丁本はお取替えいたします。

ISBN 978-4-86280-672-7
総合法令出版ホームページ　http://www.horei.com/